女たちの21世紀

no.
93
2018.3

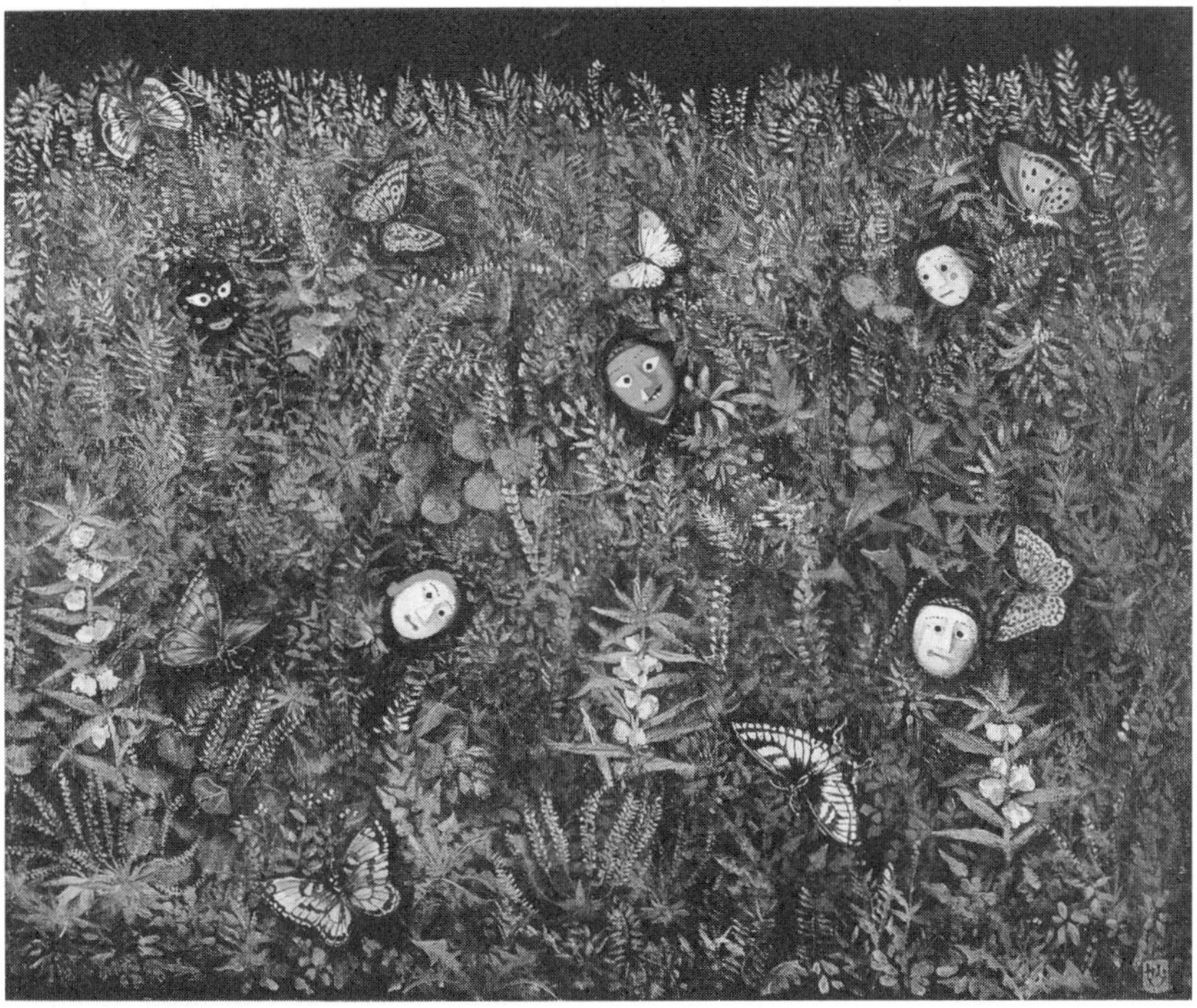

表紙・扉絵：富山妙子
《鳳仙花・深い夜に》
72.7×91cm　油彩

画家。1921年神戸市で生まれ、少女時代を「満洲」、大連とハルピンで過ごす。戦中、戦後をとおして炭鉱、第三世界、韓国、日本の植民地支配責任などを扱った作品を制作してきた。70年代には新しい芸術運動として、音楽家・高橋悠治との共労によるスライド作品を自主製作する「火種工房」を立ちあげた。近年の主な展覧会『大地の芸術祭・越後妻有アートトリエンナーレ「富山妙子全仕事展」』(2009年)、『植民地と富山妙子の画家人生』(東京YWCA、2010年)、『富山妙子　終わりの始まり　始まりの終わり』(原爆の図 丸木美術館、2016年) など。著書に、自伝『アジアを抱く 画家人生 夢と記憶』(岩波書店) など多数。3月19日には国際学術シンポジウム「越境する画家、越境する作品世界―トランスナショナル連帯における富山妙子の画業について」(「富山妙子コレクション」研究会) が開催される。

(岡本有佳)

［特集］
女たちの戦前責任を考える

女たちの21世紀
no. 93
2018.3

※連載「被災地で生きる女たち」「アジアの、世界の、フェミなスペース」はお休みしました。

私たちの「戦前責任」を果たすために

私たちはいま、「戦前責任」に直面させられている。先の大戦で引き起こした国内外での人権の抑圧や民主主義の破壊への「戦争責任」も、その後始末としての「戦後責任」もほとんど果たせないまま、いま、かつての戦争前夜と同様の現象が、さまざまな分野で始まっている。これを押しとどめ、戦争を再び始めさせない責任。それが私たちの「戦前責任」だ。

この言葉の提唱者、元長崎大学教授の高橋眞司さんは、次のように述べる。

「アジア・太平洋戦争が終わったとき、私は3歳半であったから、私に戦争責任はない、といえよう。しかし、戦後60年を経て、私に『戦後責任』は十分にある。だが、若い世代には戦後責任さえもない。しかし、次の戦争に関して、侵略戦争を容易に始めさせない、そのための準備を着々と進めさせない『戦前責任』(pre-W arresponsibility)は、君たちにもある。」(「原爆死から平和責任へ：被爆体験の思想化の試み」長崎大学教育学部社会科学論叢２００７年３月31日)

高橋さんは時代を「戦前期」「戦争期」「戦後期」に分け、「戦前期」には、仮想敵国の現実的脅威の宣伝、国家主義の教育、偏狭な排外主義、軍隊と戦争に関する法律の拡充が相次いだとする。そしていま、「戦後期」から「戦前期」「戦争期」へと円環が始まっている、と見る。確かに、「大本営発表」と呼ばれるマスメディアが「北朝鮮の脅威」を連呼し、あおられる形で「防衛費」は膨らみ続けている。安保関連法制が国会を通り、憲法への自衛隊明記も打ち出された。

そして、女性は——。

私の手元に、『男装従軍記』(日本評論社、一九三二年)という古びた本がある。出版は「満州事変」の翌年、永田美那子という女性による戦地ルポだ。何年も前に古書好きの家族が古本屋で衝動買いしたものだが、冒頭のグラビアページの、日本軍兵士らと並んで断髪・乗馬服姿で写る永田の高揚した表情に腰が引けてしまい、読まずに放置していた。だが、今回の特集を機に読んでみ

特集にあたって

て、今の「女性活躍」の空気との類似性によそごとではない衝撃を受けた。

「閨秀詩人（女性詩人）」の永田は、自ら進んで新聞社から記者証をもらい、単身、戦火の前線に出向く。そんな「男装の女性記者」を軍の幹部は持ち上げ、塹壕の兵士たちは活気づく。軍の歓待の中で永田は、その説明通りに中国側の非を書き連ね、「今日本国民は、生きなければならぬ、絶体絶命の場合に直面している」「日本内地の天然資源は、もはや日本国民の将来の生活を、保障することはできなくなって来ている」「これを『侵略』の名に鞭打つことはできるのか」（原文は旧字・旧仮名遣い）と、「国難」を理由に軍の行動を擁護する。戦地での中国人の死体や、野戦病院の診察室からあふれ出る「『姑娘《クーニャン》』の行列」を見かけても、「君には関係のないこと」と軍にいわれ、あっさり見過ごしてしまう。

こうした永田の「活躍」ぶりが、現代の女性たちと重なって見えたからだ。

昨年九月、安倍晋三首相は「少子高齢化」と「北朝鮮」を理由に自ら仕掛けた解散を「国難解散」と名付けた。大方の世論は「お前こそ国難」と冷ややかだった。だが一方で、私たちは「少子化対策」の名の下にて婚活、妊活に向かわされ、気前のいい武器購入の一方で、「財政難を乗り越える」と、3世代同居などによる自己責任保育を奨励されつつある。

この特集は、そんな「身近な戦前」を拾い集めることから始めようと企画した。それをもとに、周囲の「戦前」を、一つ一つ押し返していくこと。それが、私たちの「戦前責任」を果たす一歩となると思うからだ

竹信三恵子（ジャーナリスト、アジア女性資料センター代表理事）

国策と個々人のかかわりから見る「戦前」

インタビュー：むらき数子さん

まとめ：濱田すみれ／アジア女性資料センター

国策の最前線を担った産婆たち

私はこれまで「国策と個々人の人生のかかわり」について関心を持ってきました。『銃後史ノート』(注1)では主に「中流の主婦＝職業を持たないフツーの女性」をたどっていましたが、ここ25年は「産婆」を追い続けています(注2)。職業を持つ女性と国策とのかかわり、です。「産婆」は法的な呼称は「助産婦」となり、今は「助産師」ですが、今日は「産婆」と呼んでお話しします。

産婆とは、人口政策の最前線を担ってきた職種です。西洋医学で養成された国家資格として、明治半ばまでに整えられて、都市では「お産だ！ 産婆さんを呼べ！」があたりまえになっていきましたが、農山村まで普及したのは、日中戦争以降の「産めよ増やせよ」の時期です。「産めよ増やせよ」という言葉は、多く産んで、産まれた子を死なせず育ててお国に差し出すように、すでに生まれている子ども若者は体を鍛えてお国の役にたつように、という厚生省＝国の「健民健兵」政策の一部でした。

当時の人口の7～8割が暮らしていた農山村では、お金を出して何かサービスを受けるという消費行動は、とても縁遠い振る舞いでした。財布は男＝家長が握っている時代です。近所のおばさんに頼めば腰巻1枚くらいのお礼ですむ、産婆を頼むのは難産になった時だけ、というのがあたりまえでした。そうした農村部の女性たちも産婆に診てもらうようになっていきました。

でも、当時の妊婦が、国策を意識して産婆に診てもらいにいったわけではなさそうです。「腹帯が配給になって、(患者が)増えました」と茨城県の産婆から聞きました。

日中戦争の総動員であらゆるモノに配給制度がしかれていきましたが、配給というのは物資を無料でもらえるということではありません。「購入する権利を得る」ということなのです。産婆または医師が書く妊娠証明書を役場に持って行くと、妊婦用の特別な購入券をもらえる「特別配給（特配）」という仕組みを国がつくりました。腹帯にするサラシ（綿布）も、普通には買えないのに妊娠証明があれば買えると知った人＝財布を握っている舅や姑が、嫁が産婆に診てもらうのを許すようになったのでしょう「特配」で買ったサラシの布は、腹帯に使うとは限らない、出征する夫の褌にした人もあるし、物々交換にも使える、代金以上の価値のあるモノだった、産婆にかかれば、それを手に入れられたのでした。妊娠中から産婆にかかるという振る舞いがひろまり、産婆の仕事が増えていったのです。

妊娠証明は、１９４２年には妊産婦手帳制度となって、戦後、そして現在の母子健康手帳に続いています。母子保護の仕組みでもあり、妊娠・流早死産を国家が監視する仕組みでもあるわけです。

むらき・かずこ／1945年東京生まれ。30代はフルタイム勤務で共働き育児をしながら、『銃後史ノート』に参加。私自身にとっての代表作は「疎開とは女にとって何だったのか」（『銃後史ノート』復刊５号（通巻８号）、JCA出版、1983.12） 40代後半から茨城県で自治体史民俗編編纂にかかわり、民俗学研究会である古々路（ここじ）の会会員となる。「生活改善という国策と暮らしへの干渉」に関心を抱きながら、2018年現在に至るまで、産婆・産育をテーマに調査・報告を重ねている。

産婆たちは「時代の花形」だともてはやされました。資格だけ取っていた人が開業したり、看護婦が産婆資格を取ったり、高等小学校の先生に勧められて産婆学校へ進学する少女もいたりして、太平洋戦争中から戦後にかけて、産婆は急増しました。女中奉公を兼ねて弟子入りして産婆の見習いをしながら資格試験を受けるというルートもありました。

大正生まれが多い彼女たちは養成教育のなかで、産ませるだけが仕事であり、堕胎や避妊には絶対に関わるなと叩き込まれます。堕胎は犯罪であり、避妊は「防遏《ぼうあつ》」の対象として非難され、国賊視されることでした。多子家庭表彰は、厚生省だけでなく地域の産婆会も行いました。男の子を取り上げ「兵隊さんですよ」と言う産婆もいました。

産婆という仕事を持った女性たちは、国の「産めよ増やせよ」政策の最前線を担っていたのです。

「少子化対策」に駆り出される助産師

戦後、ベビーブームの自宅出産に走りまわって妊婦を助けたのも産婆たちでした。

しかし、激増する人口を抑制する方向に、国策は１８０度転換しました。１９４８年に中絶（堕胎）禁止を緩和し、１９５１年には受胎調節（避妊）普及を閣議決定します。国は、産婆（助産婦）に講習を受けさせて「受胎調節実地指導員」として避妊指導の現場を担わせました。さんざん「産ませろ」と言っていたのに、今度は「産ませるな」と、真逆のことをさせたのです。

それまでの働き方を否定され、180度反対の仕事をしろと言われた時、彼女たちはどう思ったのでしょうか。私はそれを知りたくて、彼女たちに聞き書きし、事例に学び、報告をしてきました。

どの時期の、どの地域の、産婆（助産婦・助産師）も、その個人個人は、誠実で向上心が強く実行力があり、困っている人をほおっておけない気性の女性ばかりでした。婦人会長などの役職に就いたり、福祉に貢献した人もたくさんいました。

個人の善意・意図と、果たした役割の客観的な効果とは、同じとは限らないのだ、と思うようになりました。国策の意味を考えるのは上のほうの人がやることであり、自分のやることは上からの指示を実行することだ、と自分を位置づけるのが、性別・職種を超えて日本人の大半の生き方のようです。

私が、戦後の180度の転換を問い続けているうちに、世の中はまた180度変わってしまったと感じています。いま、国は「少子化対策」と称して、再び産ませる方向「産んで働け」を推し進めています。そして、その前線に立たされているのが助産師です。

2008年、国＝厚労省は「院内助産所・助産師外来開設促進事業」を始めました。産科医不足・分娩施設の減少に対して、そうだ助産師がいる、と、助産師を活用する国策です。養成にも雇用にも、医師より助産師のほうが安上がりだという思惑も感じます。

それに対して助産師は、専門性を発揮して、活躍する時が来たと張り切っているように見えます。評価されプライドを持って働けることは、喜ばしいことです。と同時に、労働者としては、院内助産所や助産師外来は、病院勤務の助産師にこれまで以上に責任の重い仕事が増える働き方となりますが、賃金・休暇などの処遇の向上につながるのだろうか。女性産科医に過酷な労働環境が、同じ女性である助産師にとってラクだとは思えません。この先は、どうなっていくのだろうと不安を感じています。

「人並み」でいたいという願望

私は自分の両親が、なぜ戦争に反対しなかったのか、なぜ協力したのかを知りたくて、『銃後史ノート』に加わり、それ以後も国の政策と個人の関係にこだわってきました。

私は、両親にとって5番目の子ども、末っ子です。父から「お前ができて責任を果たした、と思った」と聞いて育ちました。大人になる頃に、1家族に子供は5人を奨励した国策・「産めよ増やせよ」の申し子だったのだとわかってきました。最もプライベートな生殖について、国策に従うとは、いったいどういうことなのか？という疑問を抱くようになりました。

父は、私にとっては「良き父、リベラルな人」でしたが、社会に関しては支配者側のものの見方で生きてきた人で、戦争に対する捉え方もそうだったと思います。父は、今の大卒よりはるかに稀少価値のあった帝大卒、高等教育を受けた人間です。

高等教育を受けるというのはどんな意味を持つのだろうか？「知らなかった」「騙されていた」と言えるのだろうか？

そして、産めなかった女性が、どれだけつらかっただろうかと思うのです。どんな時代でも不妊のカップルは約1割います。私自身に関しても、父の知り合いの夫婦から養子にほしいという話があったと聞きました。きっと、その人たちは、とても苦しい思いをしていたのだろうと思います。

私は子どもを1人、産んで育てましたが、私のきょうだいや保育園の仲間、そして職場の同僚たちは、みんな子どもを2人、産みました。「1人じゃかわいそう」と言われ「2人目はいつ産むの？」と聞かれる雰囲気がありました。私が「どうして2人なの？」と聞いても誰も答えてくれませんでした。新聞に載る家族モデルは、夫婦に子ども2人の4人家族でした。1970年代の第2次ベビーブームに産んだ団塊世代です。

今、振り返ってみると、1974年、「子どもは2人まで」と日本人口会議が大会宣言していました。事実上の国策ですね。私も周囲も、国策だと意識しないまま、誘導されていたのだと思います。

1990年頃になると、団塊ジュニア世代に、結婚をしないという選択肢がかなり普及していて、私はとても驚きました。私が20代の頃は皆婚イデオロギーが強烈で、結婚しないで生きていくという選択は私にはできなかったのです。

驚くと同時に選択肢が広がったことは、とてもいい時代になったと思いました。結婚してもしなくても生きていける、結婚や血縁にこだわらずに子どもを育てたい人——女でも男でも——が育てやすい世の中、単身者が安心して老い、死ねる世の中になるといいと思ってきました。

ところが、同じ1990年代から、国は少子化対策として人口増加に力を入れてきました。「産んで働け」ですね。

「婚活」の「産めよ増やせよ」の時もそうでしたが、「産め」は必ず「結婚しろ」から始まります。婚姻したふたりに子育てから教育費までをすべて負担させます。この国ではいまだに、非婚で子どもを産むという選択肢を絶対に認めません。この国の権力者たちとその同調者たちには、結婚制度を絶対に揺るがさない、堅持するのだという強い意志があると感じます。しかし、婚活や妊活を奨励するためにばら撒いているお金は、本当に必要としている人たちには回っていません。経済的な心配をしないで5人でも10人でも育てられる世の中にはほど遠いと思います。

また、不妊治療という生殖補助医療がこれだけ発達してきたということは、80年前よりもっとつらいのではないかと思います。「授かる」から、私の時代には「子どもを作る」という言い方が当たり前になっていました。今では「作らないといられない」という圧力となっていると思います。私の親たちの世代は5人産んで「人並み」だったわけです。そして、戦後、家族計画＝避妊が公認されて2人作ることが「人並み」となっていきました。今では子どもを持つことが「人並み」となってきているように感じます。

その時その時の政策や法律、それを広めるメディアによって、人々の意識は作られていきますが、国のキャンペーンに乗せられてしまうというより、自ら乗りたがる人が多いように感じています。流れに乗り遅れるのを、無意識に恐れているのだと思います。その流れがどちらに向かっているのかを考えるのではなく、とにかく流れの中にいることに安心感を得ようとするのですね。「寄らば大樹の陰」「長い物には巻かれろ」が、日本社会で無難に生きていくための処世術なのだと思うようになりました。流れに疑問を感じてしまう人は、自分は少数派なのだと、腹をくくて生きるしかないでしょうね。

戦争を止める特効薬はない

私の現在の生活は、明日もあさってても5年後も同じように過ごせるだろう、と漠然と思いながら暮らしています。この生活を戦時中だと私は実感していません。しかし、さまざまな状況を頭で考えれば、「今はすでに戦中だ」と思うのです。このギャップは、80年前の日中戦争中と現在を比べても同じだろうと思います。つまり、国が戦争準備を進め、「事変」とか「軍事衝突」「緊張」「国難」などと言っている時、経済的には好況で失業率は低下し人々は消費生活を享受します。戦争中だと実感するのは、家族が出征した世帯、現在なら海外派遣を指名された自衛隊員の世帯、だけ。

万葉集の時代から「防人に　行くはたが背と　問ふ人を　見るがともしさ　物思ひもせず」、戦争は常に「よそ事」なのですね。

私は、戦争にどうしたら反対できるかを知りたくて『銃後史ノート』に参加し、職場や地域で平和活動に加わってきました。いまだに答えがみつけられないでいます。ただ、戦争を止める特効薬はないことはわかりました。そして、一度、戦争が始まってしまったら、この日本では反対するのは不可能に近いこともわかりました。

圧倒的多数が「戦争だ」と思うのは、国が「開戦」を宣言した時です。その時になって「イヤだ」と言おうとしても手遅れです。過去の戦争中でも、家の中では「戦争はイヤだ」「この戦争は負ける」と言っていたという人はいましたが、それは何の力にもなりませんでした。テレビの前で怒鳴っていても何の力にもならないのです。国が開戦を宣言する前に、家の外に向けて意思表示をしなければ、戦争を止めることはできません。

戦争をしたがる国、戦争を続けようとする人々が、最も恐れるのは国民の厭戦感情「イヤだ」です。だからこそ、「戦争はイヤだ」と言い続ける必要があるのです。「イヤだ」と言える環境を作り維持するのが私にとっての闘いだと感じています。今の日常を奪われないために、不断の努力をすること。闘いの先頭に立てなくても、闘っている人を支えること・環境になることは、私にもできることだと思っています。

注1　1977年11月3日に「女たちの現在を問う会」によって創刊。直接戦闘には関わらない、戦場の後方である「銃後」で、女性たちが果たした役割について調査をもとに報告したミニコミ。1996年までに全18号（戦前篇10号、戦後篇8号）を発行した

注2　『昔風と当世風』（古々路の会）に掲載

「妊娠適齢期」キャンペーン
――ウソと脅しの少子化対策

西山千恵子

内閣府の少子化対策が高校生向け教材に

行き詰まった少子化対策は、このところ「妊娠適齢期」という言葉の普及につとめている。政府・自治体と産婦人科系の一部有識者とが協力して「健康」「保健」の名のもとに、「妊娠適齢期」キャンペーンを、学校教育や啓発事業に持ち込んでいる。一見、女性のためのようなふりをしたこのキャンペーン、そのうらには人口増加政策が潜んでいる。

２０１５年夏、改訂された高校保健体育の啓発教材『健康な生活を送るために』（平成27年度版）（以下、副教材）の全国配布が始まった。この副教材の初版は２００６年だが、今回の改訂では当時の有村治子内閣府特命担当大臣（少子化対策）から記者会見があった（2015年8月21日）。「文部科学省と内閣府が連携をして、妊娠・出産に関するページにおいて、妊娠のしやすさが年齢に関係していること、また、男女ともに不妊の原因になる可能性があること、若いうちからライフデザインを考えることが重要であること…など…医学的・科学的に正しい妊娠・出産の知識等について記述をし」たという。要するに「妊娠適齢期」を生徒たちに教え、「不妊」の影をちらつかせながら、「妊娠適齢期」に沿ったライフプランを指導しようというものである。しかし生殖活動を強調するライフプランの「指導」はセクハラ教育ではないか。

その副教材には「女性の妊娠のしやすさの年齢による変化」を表すグラフ【図1】が掲載されていた。それは妊娠しやすい年齢のピークを22歳として、そこから一気に妊娠しやすさが下がっていくというものだった。30歳ではピーク時の6割ほどに落ちる。

たいへん、たいへん。22歳なんてすぐそこ。大学なんかに行ったら、卒業時からどんどん妊娠しにくくなっていっちゃう。そのうえ、「不妊で悩む人が増加している」ってグラフ【図2】もあるよ。今からでも彼氏探しをしないと。早く早く、結婚！　妊娠！

と、今時の女子高校生がこれらのグラフをみてそう考えるかどうかは分からない。しかし、そのように誘導するグラフであるのは明らかだ。なにしろ「少子化対策」用に改訂された教材なのだから。

「教育」を利用した悪質な宣伝工作

「妊娠のしやすさ」グラフは公表後すぐに正体が露見した。曲線の傾きが出典元とは異なる改ざんグラフだったのだ。出典のグラフでは22歳から25~26歳まで「妊娠のしやすさ」はほとんど変わらない。30歳でもピーク時の8割以上である。縦軸タイトルも女性の「妊娠のしやすさ」ではなく、出典では「見かけの受胎確率」となっている。女性が妊娠・出産するにはその初婚年齢、結婚期間、夫の年齢など、社会、文化的な背景の影響も受ける。そのため、それら複雑な要因を考慮して「見かけの」としているのである。それをこの教材では生物学的な「女性の年齢」のみを要因としている（注1）。そこにはある種のミソジニーが感じられる。

「不妊で悩む人が増加している」のキャプション**【図2】**も注意が必要だ。その下に小さな文字がある。これは「体外受精など不妊治療数」のグラフなのである。増加しているのは治療の「数」であって「人」の数ではない。このグラフからどうして「不妊で悩む人が増加している」というキャプションが引きだされるのか？　まるで詐欺広告のようだ。副教材にはほかにも出産を促すための間違ったグラフや不適切な記述、表現などが散りばめられていた。文科省は「妊娠のしやすさ」グラフの訂正版「正誤表」グラフを出したが、それも不適切なものだった。さらにいえば、そのグラフの出典自体が信頼できない研究なのである（注2）。

学校教育を利用し、組織的に生徒・教員たちを騙して妊娠・出産を急がせようとする。今や、少子化対策はそこまで悪質になっているということを私たちは認識しなければならない。

専門家・学術団体と政治権力との結託

副教材に見られた怪しい妊娠適齢期キャンペーンには、産婦人科系の専門家や学術団体が組織的に関わっていた。改ざん「妊娠のしやすさ」グラフの作成者・提供者は内閣官房参与で、日本産科婦人科学会や日本生殖医学会の元理事長でもある人物だった。

だが、問題はそれだけではない。上記の2つの学会のほか日本産婦人科医会、日本母性衛生学会、日本周産期・新生児医学会、日本婦人科腫瘍学会、日本女性医学学会、日本思春期学会、日本家族計画協会の計9団体が、副教材改訂に先立つ２０１５年3月2日、少子化担当大臣に「学校教育における健康教育の改善に関する要望書」を提出していた。

その内容は「…妊娠・出産の適齢期やそれを踏まえたライフプラン設計について十全な教育内容としていただきたい。そのため…高等学校の教科書に記述されるよう、学習指導要領において、必要かつ最新の正しい内容を掲載していただきたい。あわせて、副教材にも同様の内容を盛り込んでいただきたい」というものだった。これがその5か月後、副教材の改訂として実現したのである。

その際、驚くべきことにこの「要望書」には、すでに改ざんされた「妊娠のしやすさ」グラフが添付されていた。その上、9団体は国際比較にならない質の低い調査も添付し、日本は妊娠・出産の知識が国際的に低いと強調し、教育の必要性を補強していた（注3）。

この要望書は3月20日に閣議決定された3度目の少子化社会対策大綱のなかの「学校教育において、正しい知識を教材に盛り込む」などの文言や数値目標にも反映された。

戦時の「人口政策確立要綱」の影が？

高校保健・副教材、すなわち現代版「(早く）産めよ殖やせよ」教材の配布が開始された時期は、安全保障法の成立直前の時期でもあった。法制面での準備と、露骨な人口増加政策とが並行して進んでいたのだ。そのうえ、「妊娠のしやすさ」のピーク「22歳」が気になる。というのも、戦時中に作られた「人口政策確立要綱」（1941年閣議決定）では、「人口増加の方策」として、「婚姻年齢を現在に比し概ね三年早むる」ことを目標に掲げていた。当時の女性の平均初婚年齢は24歳台なので、3年早めれば21歳の結婚となる。となると、第1子の出産はその多くが22歳ころに見込まれる。偶然だとしても気味が悪い。またその方策には次のようにもある。「(ホ)高等女学校及女子青年学校に於ては母性の国家的使命を認識せしめ保育及保健の知識、技術に関する教育を強化徹底し…」。ここでも保健教育が注目されていた。ついでながら、結婚についての項目には「(ロ)団体又は公営の機関等をして積極的に結婚の紹介、斡旋、指導をなさしむること」ともある。現在の少子化対策はこの人口政策確立要綱に倣うところがあるのではないか。

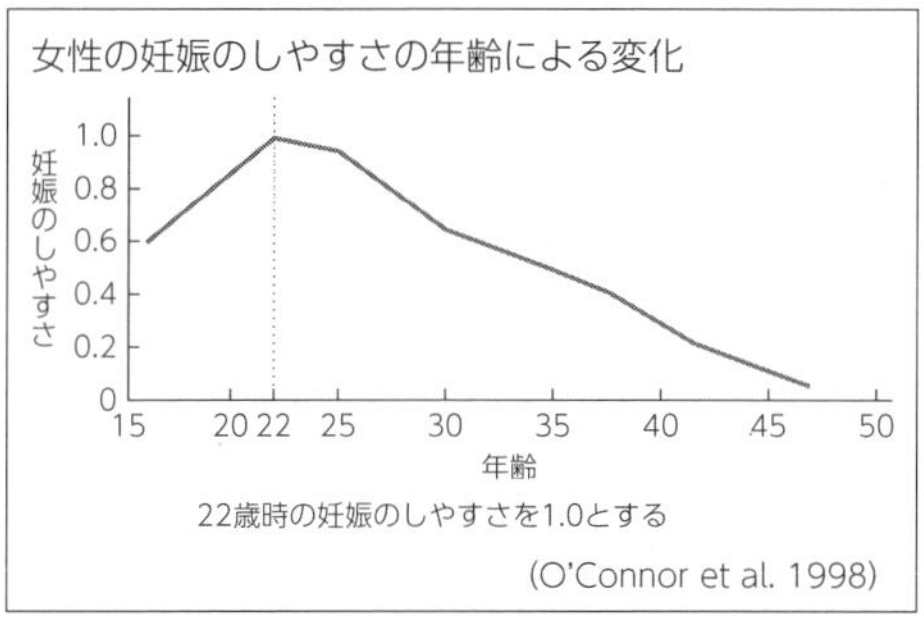

【図1】 改ざん「妊娠のしやすさと年齢」グラフ（副教材 p.40）

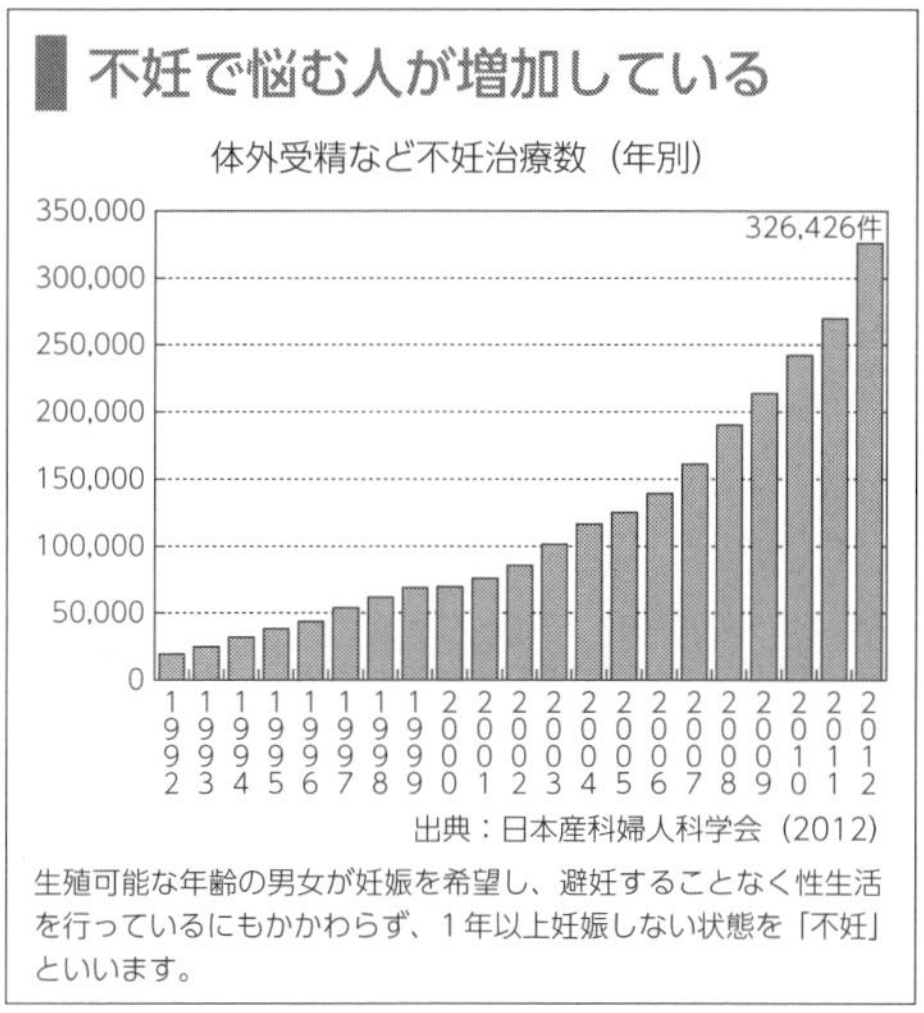

【図2】 不適切なキャプション（副教材 p.39）

怪しい「卵子の数の変化」グラフの跋扈

気を抜けない事態はまだ続いている。少子化対策の情報戦略として注意すべき点は多々あろうが、ここでは3つを挙げておく。1つは、9団体の要望や少子化社会対策大綱に書き込まれている「教育」での展開が、まだ生きている、ということである。今後、トンデモ少子化対策が、教科書そのものや教育全般に拡大してくるかもしれない。また科目も、保健体育以外に、イデオロギー宣伝も含めて理科、家庭科、社会、国語、美術その他の科目に際限なく広がり得る。注視を続けたい。

２つ目は情報内容ではなく、その手法である。２０１３年「少子化危機突破タスクフォース（第２期）情報提供チーム第１回会議資料」の「いま行政広報に求められるもの」には次のようにある（注４）。「結婚や出産は個人の自由意思に基づくものであり、国が関与すべきものではない。国からの押しつけと受け取られかねない情報発信は厳に慎むべきである」。その通り、と思うのだが、まだ続く。「□産婦人科学会をはじめとする各学会、医会、自治体、関連ＮＰＯ、有識者等を組織し、それぞれが独自の見識に基づき情報発信する中核組織を形成すべき。□場合によりタレントや著名人等第三者の発言も有効」。国としては「産めよ殖やせよ」などとは露骨には言えないので、かわりに学会・著名人らに「見識」を情報発信してもらうという方法である。御用学者・御用団体（注５）などの活用ということではさして新しい発想でもないが、少子化対策の今後の手法として大いにアンテナを張らねばならない。

３つ目は、「女性の各年齢における卵子の数の変化」というグラフの普及・拡散である。政府・自治体を含むあちこちの「妊活」関係サイトで頻繁に目にするものだ。昨年改訂された最新版の高校保健・副教材で紹介されている啓発誌『知っていますか？　男性のからだのこと、女性のからだのこと』（注６）にも掲載されている【図３】。このグラフでは胎生期の７００万個以降は、40代の終わりまで卵子の数はどの段階でも直線的に減少していく。

しかし、それをよく見ると、またもやおかしい。例えば思春期の13歳あたり、卵子の数が「20～30万個に減少」と吹出しがついているのだが、その箇所は縦軸では目測で45万個ほどを指している。つまり縦軸と横軸の数値が間違っているのだ。これではグラフにして視覚的に勾配を示す意味がない。数値の扱いがいい加減なのは、科学としての正しさを軽視している証しである。「数値はどうでもいいから、とにかく女は若いうちから妊娠する力が急速に下がっていくんだからね！」ということをグラフの証拠とともに一目で示したいだけなのではないか。「卵子の数＝妊娠しやすさ」という単絡的な連想をさせて、あの改ざんグラフと同様の効果を期待しているのではないか。

試しに出典の「Baker TG（1972）Gametogenesis, Acta Endocrinol Sullpl」などでグーグル検索をかけると、驚くことに、英字入力にもかかわらず、上位には秋田県、神奈川県、東京都、広島県と、政府や自治体の少子化対策・啓発資料の類がずらりと並ぶ。疑

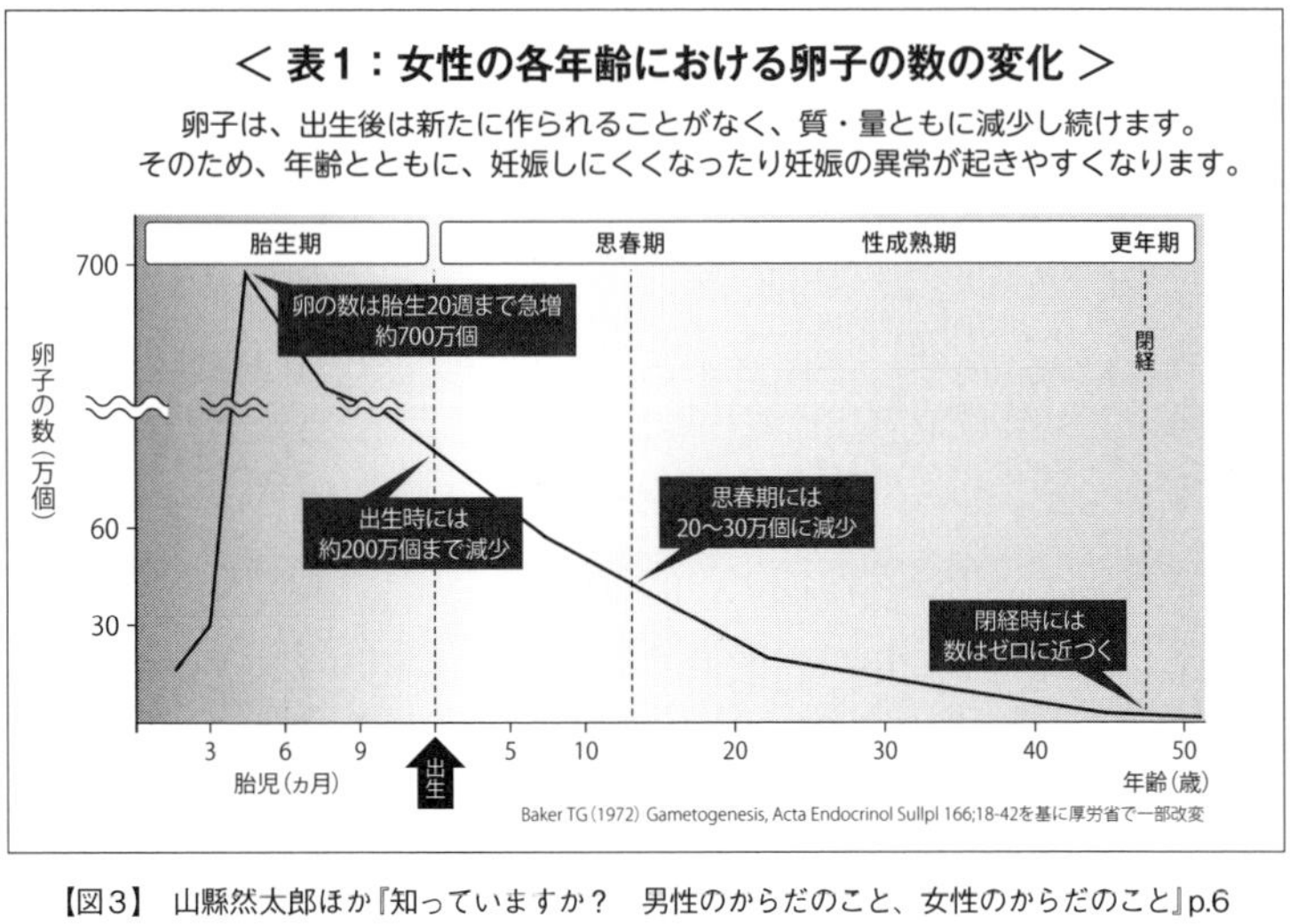

【図３】　山縣然太郎ほか『知っていますか？　男性のからだのこと、女性のからだのこと』p.6

わしさに拍車がかかる。ともあれ、年を取るとダメになっていく、と伝えるのに便利なのであろう、少子化対策の啓発情報として大人気のようである。因みに、「remcat: 研究資料集」というサイトではBaker の1971年のグラフが掲載されているが（注7）、その曲線では卵子の数は20代後半から30代半ばまでほぼ一定である。直線的に減少してはいない。

なお、筆者がみかけた自治体の最新の啓発情報は上記の検索で出てきたウェブメディア、「ウニュ」の東京都福祉保健局の提供記事、「ライフプランを考えるために知っておきたい『妊娠適齢期』のこと」（注8）であった。キャッチの一つは、「最も妊娠に適している時期は20代半ば」。話し手は2014年から政府の「新たな少子化社会対策大綱策定のための検討会」委員などを務めた周産期・母性診療センター副センター長の齊藤英和氏である。氏は、その会議の中で、平均出生子ども数は「現状でも若く結婚すれば2・08」とアピールし、「妊孕《にんよう》性の知識教育が必要」、「妊娠・出産・育児に適した時期は20代」と唱えてきた（注9）。「ウニュ」の記事でも同じく怪しい「卵子の数」グラフを紹介している。

2011年、女性の第1子出産時年齢は30歳を超えた。子どもを1人でも多く産ませるためにはそれをなんとか20代に戻したい。それもなるべく若い時期に。そうした人口政策上の意図を包み隠し、「女性のため」と装うことのできる便利なキーワードが「医学的・科学的」なふりをした「妊娠適齢期」である。妊娠・出産に関する医学・科学のうらには極めて政治的な動機が潜んでいる。

にしやま・ちえこ／青山学院大学ほか非常勤講師

注1　高校保健・副教材事件については西山千恵子・柘植あづみ編著『文科省／高校「妊活」教材の嘘』（論創社、2017年）に詳しい。日本産科婦人科学会など9団体への質問状と回答も所収

注2　田中重人　2016「「妊娠・出産に関する正しい知識」が意味するもの：プロパガンダのための科学?」『生活経済政策』230：13-18

注3　日本家族計画協会　2015『家族と健康』第732号（平成27年3月1日発行）1面

注4　濱田逸郎　2013「いま行政広報に求められるもの」内閣府　p.17

注5　その団体の一つに2017年設立の一般社団法人ウィメンズヘルスリテラシー協会がある。「remcat: 研究資料集」の下記に詳しい
http://d.hatena.ne.jp/remcat/20170920/whla

注6　山縣然太郎ほか　2012『知っていますか?男性のからだのこと、女性のからだのこと～健康で充実した人生のための基礎知識～』平成24年厚生労働科学研究費補助金（成育疾患克服等次世代育成基盤研究事業）「母子保健事業の効果的実施のための妊婦健診、乳幼児健診データの利活用に関する研究」（研究代表者　山縣然太郎）p.6

注7　「remcat: 研究資料集」　2017-03-22
http://d.hatena.ne.jp/remcat/20170322/egg2

注8　ウニュ　2019.1.29' ウニュ（withnews）はその著作権を朝日新聞社とするネット上のニュースサイト
https://withnews.jp/article/k0180123005qq000000000000000S00110801qq000016429A

注9　齊藤英和　2014「妊娠適齢期を意識したライフプランニング」内閣府「新たな少子化社会対策大綱策定のための検討会（第3回）」配布資料

広がる官製婚活——女性の自己決定権の危機

斉藤正美

「妊娠適齢期」教育、「子宝モデル企業」などの「産めよ殖やせよ」政策

政府や自治体主導による結婚支援、いわゆる「官製婚活」が広がっている。婚活セミナーや婚活イベント、マッチング（お見合い紹介）だけが官製婚活ではない。中・高・大学などで「卵子の老化」や「妊娠適齢期」を教える冊子を公費で作成したり、専門学校生徒を集めた「妊娠応援セミナー」を行うなど若い世代への「ライフプラン」教育もその中心事業だ。官製婚活は、少子化対策であり、あらゆる手をつかって女性を早く結婚させ子どもを産ませようと国家がすすめる「産めよ殖やせよ」政策である。

２０１７年11月21日、自民党の山東昭子・元参院副議長が党の役員連絡会で「子供を４人以上産んだ女性を厚生労働省で表彰することを検討してはどうか」と発言したと報じられたが、そうした政策がいつ発表されてもおかしくない。その発端が、２０１２年末に始まる第2次安倍政権による本格的な少子化対策である。２０１３年度からは「地域少子化対策強化（重点推進）交付金」（以下、交付金）という国家予算を毎年40億円程度確保し、全国の都道府県や市町村に「結婚・妊娠・出産・育児の切れ目のない支援」を実施させた。安倍政権でのポイントは、「切れ目のない支援」ということで、従来から行われてきた「妊娠・出産・育児」に対する支援に、新たに「結婚に対する支援」を加えたことにある。子どもの約98％は既婚夫婦から産まれているから、まずは「結婚支援が少子化対策の第一歩」という考えに基づいている。

浸透する官製婚活とその深刻な影響

２０１５年度交付金により婚活政策などの少子化対策を行ったのは、全国の自治体のうち47都道府県、１６３市区町村にのぼる（２

０１７年２月内閣府発表の調査結果）。知事自らが婚活に積極的に関与する自治体も少なくない。例えば、福井県では、結婚に向けた気運醸成をする「いいね！結婚　ふくいキャンペーン」を実施。中でも「プロポーズ。ハイかＹＥＳで、答えてね。」という結婚一択を迫るかのようなポスター【写真１】が話題になった。この事業は、レストランやカフェなどの協賛店舗、独身従業員の結婚をサポートする応援企業を募集するなど、婚活で地域経済の活性化をも狙っている。このように官製婚活は地方創生など経済政策の一環でもある。

東京都も、２０１７年３月、結婚応援イベント「ＴＯＫＹＯ縁結《えんむす》日《び》２０１７」を主催、小池百合子知事が主催者挨拶をするなど、婚活に積極的だ。２０１８年２月２日、「東京２０２０オリンピック・パラリンピック、あなたは誰と観ますか？」という小池知事の言葉を添えた「結婚に向けた気運醸成を図る動画」【写真２】を発表した。筆者の取材によれば、都は２０１７年度には動画制作および地下鉄や街頭大型ビジョンなどでの放映に約３０００万円、２０１８年度は婚活関連イベントのポータルサイト開設や啓発冊子の作成に約５０００万円を計上するという。

【写真１】　福井県庁に飾られた「いいね！ 結婚　ふくいキャンペーン」のパネル（撮影：筆者）

【写真２】「東京都　結婚に向けた気運醸成を図る動画」ウェブサイト

筆者が２０１７年２月参加した富山県子宝モデル企業表彰式には、社員の子ども数が多く、子育て支援環境が優れている企業６社を表彰するものだったが、石井隆一富山県知事と表彰式でフラッシュを浴びていたのは男性管理職のみだった【写真３】。この中には男性社員が約９割という２社も含まれており、本当に企業の子育て環境の良さを表しているのか疑問だった。官製婚活は、異性と結婚し、子どもを持つという特定の価値観のみを奨励する他、プライバシーの侵害、性的指向や出自などに基づく差別の助長など多くの課

「2016年度富山県子宝モデル企業表彰式」の様子（撮影：筆者）

題を孕んでいる。

こうした官製婚活の影響はたちまち出現している。「女性は35歳が（子どもを産む）ボーダーライン」という誤解や流言が生まれているのだ。私が話を聞いた結婚相談所の関係者はこう嘆いた。「5年ほど前までは、（30代、40代の女性は）年下の男性でもだいじょうぶだった。でも卵子の（老化）リスクが言われるようになってからは、8割の男性が（この女性は）産めるんですかと聞くようになった」。婚活中の男性も「35過ぎたら障がいのある子ができる」という誤った認識を語っていた。こうして官製婚活政策は、35歳以上の女性と障がい児を排除する思想となり浸透し、婚活現場では女が「産める女」と「産めない女」に選別されているのだ。

個人や家族の多様性を消失させる安倍の女性政策

しかしながら、これらの施策に対して、批判の声はほとんど聞こえてこない。婚活や少子化に関する著作がある佐藤博樹、松田茂樹らの学者が、政府の少子化対策の審議会で座長に任命され、政府と連携し婚活を奨励する側にまわるなど、専門家が政府に取り込まれたり、積極的に与している（注）。ダイバーシティ・コンサルタントの渥美由喜《なおき》や少子化ジャーナリストの白河桃子なども審議会で重要な役割を果たしている。渥美由喜は、婚活支援事業の調査・検証委員長に任命され、自身が考案した「企業子宝率」事業を自画自賛している。婚活・少子化対策でも、森友・加計問題同様、政策を批判的に検証する仕組み自体が損なわれ、十分な検証がなされていない。

結果、性や生殖に関する女性の権利への配慮を欠いた婚活・妊活政策が実施され、その影響は、女性一人一人の人生設計や人生そのものに深刻な影響を及ぼしている。これら安倍政権の女性・家族に絡んだ法律や政策は、いずれも性別役割と家族員相互の助け合いを重視する。女性の権利、特に産む産まないは自分で決めるというリプロの権利を奪い、女性を家族のため、地域のため、国家のために都合よく働かせようとしている。憲法24条の改悪、家庭教育支援法案、女性の健康の包括的支援に関する法案など、安倍政権が進めようとしている一連の立法、政策とも、この点で軌を一にしている。

安倍政権は、アベノミクス・経済成長のために「女性活躍」を謳い、国家の少子化解消や経済活性化のために官製婚活という球を投げて来た。こうした安倍の女性や家族政策は、およそ女性のためとは言えず、女性の権利、とりわけ自己決定権潰しであることに警鐘をならしたい。

さいとう・まさみ／富山大学非常勤講師

注　拙稿「経済政策と連動する官製婚活」本田由紀・伊藤公雄『国家がなぜ家族に干渉するのか』青弓社、2017年、pp.87-120

農業と女性――ＪＡによる婚活支援と都市から結婚移住する女性たち

清水友理子

現在、国内のある農村地域の農業協同組合（以下、ＪＡ）青年部では、農業を営む男性のための婚活を支援するプロジェクトを実施している。「農業に興味がある20歳以上の女性」と、ＪＡ青年部に所属する農業従事男性を引き合わせ、半年間かけて参加者が互いを知っていくというプロジェクトだ。

そのプロジェクトの女性参加者の約7割が、都市圏から来ているという。都市圏で生活する一方、パートナーとなる男性として農業従事者を検討し、農山村地域への結婚移住を考える女性とは、いったいどのような女性なのだろうか。そして彼女らはなぜ「農家の嫁」になることを選ぶのだろうか。

農業の後継者不足と「ふるさと回帰」の結婚移住

日本の高度経済成長後、農村地域の過疎化・高齢化が進んだ。１９９０年代では晩婚化・非婚化は全国的な現象として拡大していったが、農業の後継者不足、また農業従事者の結婚難が課題と叫ばれて久しい。地方行政は後継者「対策」の一環として、アジア系外国人女性、いわゆる「外国人花嫁」との国際結婚を促進させ「嫁不足」の解消を目指した。しかし、それは日本とアジア諸国間の経済格差を背景に、受け入れる男性のイエ制度の継承が優先され、多くの仲介斡旋業者による集団的な「人身売買」であると批判を受けた。これまで農村社会の結婚移住をめぐる議論は、多文化へと変容する地域社会と国際的結婚の背景にある格差や、女性たちの適応などに注目してきた。

そして現在、国・自治体が「ふるさと回帰」をキーワードに都市から地方への移住、とくに若年者のＵＩＪターンを積極的に奨励していることを背景として、都市圏からの女性の結婚移住に目をつけた、ＪＡの取り組みがある。

２０１４年に内閣府が設置した「まち・ひと・しごと創生本部」は、地方での若者の雇用を創出することを目標として、若者人材の還流および育成・定着支援や地域における女性の活躍推進を政策パッケージとして掲げている。にもかかわらず、「若年女性の移住」を「農家に嫁ぐ」に結び付けた取り組みについての議論・視点はこれまでそれほど取り上げられてはこなかった。

JAによる婚活支援プロジェクトとその参加女性

上記のとおり、ある農山村地域のJA青年部では、農業を営む男性のための婚活支援プロジェクトを実施している。青年部が主導で運営し、全国紙とブログなどSNSを通じて全国に呼びかけ、関東圏を中心に女性を募集。応募条件は「農業に興味がある20歳以上の女性」である。その半年間で開催される毎月のプログラムでは、まず初回の月に男女で協力して野菜の苗を植える。そして毎月開催される料理教室や地元観光を経て交流を深め、最終回に自分たちが半年前に植えた野菜を収穫、その食材でバーベキューを開催する。男性は年会費1万円。女性は交通費と宿泊代は各自負担となるものの、年会費や諸経費は無料である。

JAは男性の志願者には婚活支援のマナー講座の受講を促し、また事務局が考案した1：1トークタイムやフリータイムにおいて、話題や、話し方、ポイントを押さえた参考書なるものを活用してプロジェクトを運営し、成婚率を上げることに注力したそうだ。そういった取り組みが功を奏したのか、12年間の取り組みのなかで23組ものカップルが成婚している。

では、都市に住まう女性のなかでも、どのような女性が農業に興味を持ち、農山村への結婚移住を検討するのだろうか。このプロジェクトに参加した女性に話を聞いた。

彼女は30代前半、東京出身の未婚女性。地元の短大を卒業後、中小メーカーに就職、しかし20代後半に仕事を辞め、2~3年沖縄の離島に移住した経験がある。しかし沖縄の賃金が低いことと、病院やスーパーマーケットなどがないこともあり、「この島でずっと暮らしていく」というイメージがつかなかった。しかし「田舎に憧れる気持ち」は離島から戻ってからもあり、また「素朴で真面目、シャイな男性が良い」と思う気持ちで、両親の勧めもありこの婚活プロジェクトに参加した。

「農家の仕事は、たぶん手伝うと思う」と語る彼女は、実家がクリーニング店を営んでいる。「だから家族経営の大変さも分かるし、そこでやらない選択肢ってないと思うんだよね」と言う一方で、半年間をかけてカップリングに至った男性が、最終回に「つらいっすよ、農家」「(農家を一緒に)やってたら、注意するかもしれないけど、『新入社員』が初めからできないのは当たり前だろうから、徐々にやっていこう」と言ったセリフが今もひっかかっている。「それくらいの覚悟があるのかってことだと思うんだけど、さ」

彼女のように東京出身だが過去に他の農山村地域に移住した経験があるというケースだけでなく、参加女性の中には、もともと別の農山村地域の出身であるということも多い。ではなぜ地元に戻らず、他の地域の農山村での生活を志向するようになったのかを聞くと、進学、就職をきっかけに上京したが、都会での生活に憧れがあったわけではなく、逆にあらためて「田舎暮らし」が性に合っている、と感じたからだという。さりとて、親族や旧友らの存在によりコミュニティが狭くなってしまっているので地元に戻ることは考えられない。結果、「新参者」としてふるまえる他地域の農山村への移住を決断し、安定していると思える「農家の嫁」という生業を選択するのだという。

「男女の出会い」は農業の課題を解決するか？

しかしＪＡのこうした取り組みは、本来の課題解決の目的と合致するのだろうか。

プロジェクト担当者への取材から明らかになったことは、農業が抱えている真の課題は担い手の減少であり、「配偶者対策、できたら後継者育成が目的」だそうだ。つまり農業に従事する男性の結婚難と、後継者不足の課題を一つながりとして捉え、結婚以上に、子どもが生まれ、その子が後継者となって農業を支えてくれることを期待しているのである。

だとすれば、このプロジェクトが——出会いが少ない男性に人生のパートナーを提供するサービスではなく——農産業の基盤維持を目的として跡継ぎを「産めよ増やせよ」と促すものだったとするならば、たとえば女性が妊娠をしなかった場合、あるいは子どもが生まれたとしても結果として農業を継がなかった場合、このプロジェクトはどのように評価できるのだろうか。また男女間でのライフプランについての意思確認とすり合わせは、どのように行われるのだろうか。

前出の東京出身の女性は、「結婚したら農家を手伝ってほしいのか」「子どもを産む気はあるのか」「親との同居はあるのか」「生まれた子どもに農業を継がせたいのか」といった意思確認が、婚活プロジェクト内で設けられなかったことに対し、少し不安を感じているという。マッチングした男性から、カップル成立後に「農家は手伝ってほしい」といった旨を切り出された。予想はしていたものの、他の男性からは「手伝わなくってもいいから、自由にしてほしい」と個人的にこっそりアプローチを受けていたらしい。

そういった点についてＪＡ側の担当は、「マッチング後のことはプライベートなことなので」介入しないとし、「我々ができるのは、あくまで出会いを提供するところまでであり、そういった話し合いは個人に任せている」と回答した。

しみず・ゆりこ／一橋大学大学院社会学研究科博士課程

特集

高齢女性にまできた女性動員の行方

竹信三恵子

人生100年時代――そんな言葉が飛び交うようになった。「学び直しの勧め」や「60歳からの転職」などの提言とともに、高齢女性たちにも熱い視線が寄せられ始めている。戦時下、「銃後」の名の下に出産と勤労動員に活用された女性たちは、いま、「女性活躍」の名の下に、少子化対策と労働力人口の減少対策に動員されている。さらに、その支えとなるはずの公的福祉の整備が立ち遅れる中、今度は高齢女性にまで、働く娘世代の孫育てと、ケアなどの人手不足部門を低賃金で担う労働力として、動員の手が及びつつある。

「強く豊かな日本」への女性動員

2014年、「女性が輝く」政策を掲げた安倍政権下で、企業の女性トップら「各界の女性リーダー」を中心に「輝く女性応援会議」が立ち上げられた。内閣府のサイトの「輝く女性応援会議について」では、「女性が輝く社会をつくることは、これからの日本にとって、とても大切なことです」「そうなれば、日本はもっともっと強く豊かになれるはず」とある。さらに、「子育てをしながら、もっと社会で活躍できるように」「理工系や農業分野でも、どんどん結果を残せるように」「そして、家庭での経験も活かし、またいつからでも働けるように」と続き、「そんな社会を実現する」と、結ばれている。

そこにあるのは、ケアと労働の二重負担や成果主義、家庭での責務を果たしたうえでの再就職――などを通じて「日本を強く」する、という女性への際限ない貢献要求だ。福祉の充実へ向けた財源の強化や、企業の性差別禁止といった女性の人権要求は見えない。

こうした「輝く女性応援会議」の方向性は、日中戦争のさなかに生まれた「大日本国防婦人会」などの動きと奇妙な類似性がある。

「国防婦人会」は、戦費増大の中での財政のひっ迫と、男性が兵士として徴用された後の労働力の減少という2つの悪条件を、女性の動員で乗り切ろうとする動きの中で生まれた。1937年に発表された「国防婦人会の歌」では、こう歌われる。「をみなは弱しと誰がいふ　困難来る今日の日に　立たて安らふ心なし　われ等何をか怖るべき　紅の血潮はまごころぞ」。この年は、日中戦争が始まり、国の財政に占める軍事費の比率は前年の47・6％から一気に69・5％に膨らんでいる（帝国書院HP「統計資料歴史統計」から）。

「輝く女性応援会議」も、財政難の中で北朝鮮のミサイルを理由に防衛予算が膨らみ（2018年度の防衛予算が過去最高の5兆円規模）、少子高齢化で労働力人口が減少するという同様の悪条件が背景にある。これを、「女性の活躍」で乗り切ろうとする狙いが、サイトの文言から見て取れる。目標はともに「強い日本」だ。

子育て支援を求める女性たちの声によって保育関係予算も増えたものの、防衛費には遠く及ばない。「保育園落ちた、日本死ね」と窮状を吐露したブログも、安倍晋三首相に「匿名である以上、実際にそれは本当であるかどうかを、私は確かめようがない」（2016年2月29日衆院予算委員会）と一蹴されている。「強い国」への女性の貢献は奨励されても、働きにくい環境の是正には本気が見えない。そんな中、外へ働きに出る女性たちのための「銃後」を担う新しい女性資源として注目されているのが、高齢女性だ。

「3世代同居」の推進

65歳以上の女性の人口割合は、2016年10月1日時点で女性の総人口の3割を占める。高齢女性が資源として注目されるのは、平均寿命が短かった「国防婦人会」の時代と異なり、資源として利用するに足るボリュームを備えてきたからだ。

そこでは、「人生100年時代」というキャッチコピーが用意されている。だが、その中身は、コピーの明るさを裏切る。

2015年11月26日、一億総活躍国民会議は「一億総活躍社会の実現に向けて緊急に実施すべき対策～成長と分配の好循環の形成に向けて」を取りまとめた。ここでは、「家族の支え合いにより子育てしやすい環境を整備するため3世代同居・近居の環境を整備する」とある。子ども世代に親を「支え」させることで高齢者のケア予算を抑え、親世代（高齢者女性である祖母）による孫育ての「支え」で、保育費用を抑える一挙両得政策だ。

この構想が発表されるや、ネットなどでは多世代同居礼賛論が登場し始める。

「今時珍しい4世代同居。時には嫌なこともあるけれど、楽しいこともたくさん！　同居は子どもにとって良いことばかり!?　子どもが4人いても仕事と子育ての両立ができるのは同居のおかげ!?」（2016年4月7日公開の離乳食・幼児食アドバイザー、園田奈緒のブログ）は、そのわかりやすい例だ。

だが、貧困化が進む今、必要なのはむしろ、どんな条件の人々でも介護や育児を保障される公的支えや、低所得世帯への家賃補助のはずだ。そんな現実と乖離した「3世代同居」推進に、ネット上では、3世代同居による実母・義母との葛藤の苦しさを「生き地獄」と呼ぶママ世代の次のような「本音」の投稿も相次いでいる。

「旦那が同居費用を何度言っても渡さないから、姑が嫌味言ってきたり、私が愚痴ると旦那がそのまま姑に鳩ったり、極めつけがパチで舅の自営経費を使い込んだ姑が旦那に穴埋め費用を借りてた／そんなこんなで結婚後すぐ同居したけど、3年で離婚／今は再婚して別居だけど、天国」

「大袈裟に言えば毎日刑務所にいるみたい／逃げられないし／毎日毎日結婚前の華やかな生活思い出しては今の自分保ってる」

（ママ向け情報交換ブログ「ママ★スタジアム」から）

2014年の国立社会保障・人口問題研究所の第5回全国家庭動向調査でも「年を取った親は子供夫婦と一緒に暮らすべきだ」に賛成する声は44・6％と、1993年の調査開始以降、初めて半数を下回った。

そんな現役母世代の意見が相次ぐ一方で、祖母世代の女性からの声は一向に聞こえてこない。

私が会社員だった20年ほど前、周囲の女性の同僚たちからは、長時間労働の娘を支えようと孫育てに乗り出した祖母たちが高齢期の長時間育児に疲れ果て、倒れたという話をいくつも聞いた。「子どもはみてあげるから仕事を続けなさい」と言ってくれた私の母も過労からうつになり、「家族の和」どころか、私たち母娘の関係は一時壊れそうになった。それでもなお、祖母世代が沈黙を続けるのは、「娘に介護はさせたくないが、子育ては支えてあげたい」といった母親の義務感のためかもしれない。そこに付け込むように、高齢女性の「活躍」提案はさらに繰り出されてくる。ケア労働分野での高齢女性の活用だ。

現役世代の「名脇役」？

2013年、政府の第3回産業競争力会議雇用・人材分科会に厚労省が提出した資料「高齢者の活用促進について」では、「年齢にかかわりなく意欲と能力に応じて働くことができる「生涯現役社会」の実現に向けた高年齢者の就労促進」をうたっている。

ここでは、「高年齢者が地域で働ける場や社会を支える活動ができる場の拡大」として、シルバー人材センターなどを通じた「多様な就業ニーズに応じた就業機会」を掲げ、同センターで取り扱う仕事の例として、清掃、除草、自転車置き場管理、公園管理、宛て名書き、植木の剪定、障子・襖張り、観光案内、福祉・家事援助サービス等を挙げている。また、事業例として1～4歳児を対象とした一時保育サービス、ひとり暮らしの高齢者の安否確認、家事支援が示されている。明示されてはいないが、福祉・家事援助サービスや1～4歳児を対象とした一時保育サービスは、高齢女性を意識したものと考えられる。

また、2014年9月9日付「経済界」電子版では、シニアに特化した福祉・介護派遣会社として2012年4月から事業開始した「かい援隊本部」の新川政信会長の発言が紹介されている。新川会長は、「介護の仕事は低賃金で若い人がやりたがらないし、元気な高齢者が同じ高齢者を介護するしかないのです。社会の主役はあくまで若者などの現役世代。シニアは重苦しい介護の負担だけでも子や孫の世代から取り除き、現役世代をサポートする『名脇役』になってほしい」と語る。「現役世代」を引き付けられる労働条件の引き上げはとりあえず先送りし、我慢強い高齢者の動員で埋めるという構図だ。

同社では、週1日からでも働け、介護の資格がなくても配膳や清掃などさまざまな職種への派遣もできるという。ここはとりわけ、高齢女性のスキルを暗黙に意識した分野といえそうだ。これらの活用へと高齢女性たちを誘い込むのは、貧困の増大だ。

背景に高齢女性の貧困

経済開発協力機構（ＯＥＣＤ）の「65歳以上の高齢者の貧困率が高い国ランキング」（２０１４年のデータにもとづく）によると、日本は7位、アジア圏では韓国の４位に次いで高い位置にある。中でも、単身の高齢女性の貧困率は56・２％と、男性の36・３％を大きく上回る。働いている世代の女性の平均賃金は、正社員でも男性の7割、非正規も含めた平均給与では男性の54％（２０１６年国税庁民間給与実態統計調査）。当然、女性の老後の年金は、男性より少なくなる。

既婚女性でも、離婚や死別で単身になれば、危うい。勤め人の夫の扶養下にある女性は、「第3号被保険者」として保険料を免除されるため、この壁を超えないよう就労を自粛することが少なくない。「第3号」の対象は年収１３０万円未満だから、夫なしではやっていけないような経済状態に投げ込まれてしまうからだ。

それなら離婚しなければ、と考える人もいるかもしれない。だが、これも、大手企業の役職者として定年まで勤めた夫と結婚した場合に限られる。給与所得１０００万円を超す男性の比率は6％程度にすぎないから、あまりに確率の低い選択だ。しかも最近では、夫の賃金が下がり、これに伴って低年金化が進む。それが、女性も老後に働いて家計を補助する「高齢共働き」の増加も招く。

労働政策研究・研修機構によると、妻が高齢者の共働き世帯数は、２０１４年が39万世帯で、２００２年の２・８倍にのぼる。女性雇用者数は、２００２年から２０１５年までに約３００万人に増えたが、うち高齢女性は、２００２年の70万人から２０１５年には１８１万人と、他の年齢階層を上回る増加ぶりだ。65～69歳の就業者が働く主要な理由も、「経済上の理由」（男性54・８％、女性48・２％）が最も高く、２位の「生きがい、社会参加のため」（男性11・１％、女性19・７％）を大きく上回る。生活のために働く「労働者」としての高齢女性が増えているのだ。

「動員」を押し返すために

余暇や技術を生かしたい、社会貢献や労働体験、仲間作りや情報交換をしたいという高齢女性が体の負担にならない範囲で社会と交流したいと、無償、ないしは低賃金の活動に参加することは、悪いことではない。ただ、社会保障を家庭の女性たちが担うことを当然とする「嫁福祉」に依存し、税金をかけない方式でやってきた日本社会で、次は高齢女性がその役割を引き受けることでよしとされてしまうなら、それは、だれもが公正にケアを保障され、ケア労働者が自立できる賃金を獲得できる社会システムへの転換を阻んでしまう。こうして節約された公的資金が「強い日本」のための軍事費やグローバル企業の減税に回るだけなら、税は、人々の生活向上という本来の役割を果せせない。そこに高齢女性が利用されていく事態は、やはり考えねばならない。

現在、多くのシルバー人材センターでの仕事は、「請負」や「委託」の形式が多い。「雇用」ではないため、労働者に適用される最低賃金の適用はない。同じ理由で労働災害保険も適用されずにきた。だが、こうした事態に働く側が批判の声を上げたことで、労働災害が起きたときは一応は国民健康保険でカバーされるようになり、シルバー保険も創設された。高齢女性の活躍を、こうした新しい権利の獲得の原動力に変えていくために、労働条件改善のための「高齢女性労働運動」が生まれてもおかしくない状況が到来しているといっていい。

2018年2月16日には「高齢社会対策大綱」が閣議決定され、年金にかかる費用の節約のため、定年延長をはじめ、生涯働き続ける社会が提唱された。「国力増強」のために、死ぬまで安くて便利なケア労働力として利用されるのでなく、生涯を通じた女性の経済的自立へ。高齢社会をそうした転機とするため、大量の高齢女性に的確な情報を提供し、組織化を進める新しい女性運動のあり方を、私たちは真剣に考え始めるべき時が来ている。

たけのぶ・みえこ／ジャーナリスト、アジア女性資料センター代表理事

国家によるメディア支配を断ち切るために

白石草

〈政府が放送局を管理する現在の法的枠組みを見直すことで、メディアの独立性を確保するとともに、政府による過度な介入を許している法的根拠を解消し、メディアの独立性を強化すること（注1）〉

これは2017年11月、各国の人権状況を審査する国連人権理事会の「UPR（普遍的・定期審査）」作業部会が、日本政府に勧告した内容である。なぜ、日本のメディアはこれほど政府に「忖度」するのか。「大本営発表前夜」とならないために、今、理解すべき日本独特のメディア支配構造について紐解く。

戦時中のメディア支配体

日本政府は戦前、国家総動員法、治安維持法などさまざまな法律や制度を作り、個人の生活、思想、言論を縛ってきた。秘密警察である特別高等警察（特高）の監視や取締りにより、検閲、発禁、弾圧が幅広く行われていたことは、よく知られている事実である。

一方、マスメディアに対する支配は、むしろマスメディアを体制内部に取り込み、宣伝媒体として活用する形で強化されてきた。例えば政府は満州事変後、国際世論を誘導するために、2つの大手通信社を合併し、会社「同盟通信社」を誕生させた。「日の丸の翻るところ同盟あり」のスローガンのもと、同盟通信社は日本軍の行く先々に野戦支局を開設。国民の戦意を高揚させる宣伝報道を担った。記録によると、1944年時点で同盟通信の海外支局は70か所に及び、職員数は中国と南方だけで1700人にのぼったという（注2）。

また政府は、同盟通信に多額の機密費を支払い、スパイ活動もさせていた。海外通信社の無線を独占的に傍受する権限を与えることで、国民に流せない情報を極秘扱いの「敵性情報」として政府首脳に伝えさせていたのである。

新聞への支配は、新聞統廃合という形で進めた。国家総動員法のもと紙の管理が行われ、最終的には1県1紙に統合。1939年には848紙を数えた日刊紙は、3年後の42年にはわずか54紙に減少した。新聞社を減らすことで、反体制的な記事の取り締まりを容易にし、国論を統一していったのである。

戦後、日本のメディア構造は変わったのか

戦前のこうしたメディアの構造は戦後、変化したのだろうか。

敗戦後、日本は新しい憲法の施行とともに、さまざまな制度が生まれ変わった。メディアについても、憲法21条のもと、言論の自由が保障されるようになった。しかし実際には、参政権、教育、労働などと異なり、多くの制度が戦前から引き継がれた。その最大のものが、国家が放送行政を担うというあり方だ。

日本を統治した連合国軍最高司令官総司令部（GHQ）は、国民全体が戦争に駆り立てられたのは、政府による情報統制によるものだと考え、「メディアの民主化」に力を入れた。もちろんGHQは当時、民間検閲支隊（CCD）と民間通信局調査課（CIE）という2つの秘密組織を設けて検閲を行い、原爆投下や駐留軍による犯罪情報を徹底的に規制した。また「反米」的な動きを抑えるために盗聴をするなど、完全なダブルスタンダードであった。とはいえ、民主主義を浸透させるためにラジオを活用し、メディアの寡占化や国家の関与を排除する制度が必要だと考えていた（注3）。

こうした中、生まれたのが、1950年に制定された電波三法（電波法、放送法、電波監理委員会設置法）である。過去の戦争の反省から、放送法には「放送の不偏不党、真実及び自律を保障することによって、放送による表現の自由を確保すること」「放送に携わる者の職責を明らかにすることによって、放送が健全な民主主義の発達に資するようにすること」といった決意が盛り込まれた。「放送の不偏不党」という言葉は、時に恣意的に解釈され、政権を批判するメディアへの攻撃に利用されるが、立法趣旨は、時の政権からの独立や自由を意味していた。

だが翌年、このような高い志を完全に覆す出来事が起きた。メディアの独立性を確保するために欠かせない、電波三法の1つである「電波管理委員会設置法」を吉田茂内閣が廃止したのである。

「電波監理委員会」は、「米国連邦通信委員会（FCC）」をモデルとした独立機関だった。CIEの課長だったクリントン・A・ファイスナー氏は、放送行政をあらゆる権力から独立させるためには、政府から独立した機関が放送免許の交付や監理を行うべきだと主張した。日本政府は一旦はこれを受け入れ、法制化したものの、サンフランシスコ講和条約調印により主権を回復した直後、強行採決により即時に廃止したのである。「あらゆる権力から独立した機関」はわずか1年で姿を消した。そして、放送行政の権限は再び国へ移され、戦前へと後戻りしてしまったのである。

田中角栄の作ったメディア支配構造

電波監理委員会の廃止はその後、テレビの登場により、日本のメディア政策に大きな意味を持つようになる。1955年に誕生したばかりの自民党は、テレビの放送免許の許認可権限を通して、メディア全体を支配する構造を確立し、現在に至る長期政権を可能としたのである。その基礎を作ったのは田中角栄であった。

テレビの黎明期だった1957年、田中角栄は39歳の若さで郵政大臣に就任した。当時、開局していたテレビ局は、日本テレビやNHKなどわずか5局。ところが、角栄は大臣就任後4か月で一気に34社に放送免許を交付した。

放送行政を担う独立機関がある国では通常、テレビ免許の選定は企業の入札によって決まる。しかし、角栄は全く正反対の方法をとった。当時、多数の企業がテレビ免許を希望していたが、角栄は競争入札を一切せず、免許の申請を希望する会社の幹部と一人ひとり面談し、地域ごとに新会社を作るよう指導したのである。しかも一本化にあたっては、大臣自らが新会社の出資比率や役員構成を決定した。これにより大臣の息のかかった人物が放送局を構成する仕組みができあがった。角栄は58年には13社、59年には20社に免許を出し、わずか3年で67のテレビ局が誕生した。

田中角栄以外の政治家が影響力を及ぼすケースもあった。例えば57年には、京阪神に当初の計画の2局に加え、さらに2局ものテレビ局に急遽、免許を下ろすことになった。理由は、当時自民党議員だった元読売新聞社主の正力松太郎と毎日新聞出身の川島正次郎が、新大阪テレビ（現読売テレビ）と新日本放送（現毎日放送）に、それぞれ免許を下ろすよう強硬に働きかけたからである。テレビ局の世界ではすでに60年前から、森友学園や加計学園の問題で浮上したような、有力な政治家による恣意的な許認可が行われていたと言える。

しかも角栄は、メディア全体への支配をさらに強めるため、全国の放送局を、朝日、毎日、読売、産経の4つの系列にネットワーク化した。1959年のことである。テレビ業界への参入に熱心な4社を握ることで、メディア全体に影響力を及ぼすことができると考えたためだ。郵政省（当時）の記者クラブは、「波取り記者」と呼ばれる政治記者が登場し、自社の系列局を増やすために、省内の情勢を把握したり、大臣に取り入ったりすることに血道をあげた。

「大本営前夜」で終わらせないために

「あの時は、政府と異なる見解を発言したら、放送免許を取り上げられるかもしれないと恐れた」

日本テレビの解説主幹だった倉澤治雄氏は2年前、ある学習会の席でこう発言した。倉澤氏は福島第一原発事故当時、テレビに出ずっぱりで、刻々と変化する原発の状況を解説していた。大学院で原子力を学んでいた倉澤氏。東電や政府の発表が現実と大きく乖離している中で、政府との関係を意識せざるを得なかったという。

本来であれば、国家を揺るがすような大事件であればあるほど、メディアは冷静に政府を監視しなければならない。しかし、国が直接、放送免許を交付している現行の制度下では、それは容易ではない。普段は意識しない国家による放送局の支配が、深刻な事態が進めば進むほど、現実的な抑圧として目の前に露呈する。

倉澤氏のように、国家と放送局の緊張感に自覚的になり、覚悟を抱けるジャーナリストがいる一方で、残念なことに、ほとんどの組織内ジャーナリストは今や、いとも簡単に「自粛」を行い、ほとんど無自覚に政府広報を垂れ流している。

それにしてもなぜ毎日、相撲スキャンダル一色で、重要な国会審議は流れないのか。なぜ安倍首相の答弁ばかりがながれ、野党の重要な指摘がカットされるのか。なぜ全ての出演者が揃って「従軍慰安婦」をめぐる日韓合意見直しを批判するのか。テレビに著しい劣化が起きているのはなぜなのだろう。

日本では長年、政府はメディアを支配してはならないという建前が、一定程度、働いてきた。しかし露骨に戦前回帰を謳う安倍政権下で、この建前は完全にはぎ取られてしまった。総務大臣が電波停止を口にし、自民党がテレビ局の幹部に事情聴取をするなど民主国家としてあり得ない状況まで事態は進んでいる。メディアの上層部は権力に対峙する気骨がないどころか、総理大臣と会食することに躊躇さえしなくなっている。自粛し忖度する段階から、戦時中のメディアがそうであったように、体制内部に取り込まれ、宣伝報道する段階に入っているように見える。

では、この呪縛から逃れ、「大本営発表前夜」から脱することはできるのだろうか。非常に難しいことではあるが、国連勧告に従い、まず、放送行政を国家管理から独立させることの重要性を市民の間に浸透させていくことが重要だと私は考える。日本を除く多くの民主主義国は、米国ＦＣＣのような放送を所管する独立機関があり、多くは公募によって委員が選ばれる。市民団体の関係者が就任することも多く、ジェンダーバランスなども重視される。もちろん、ジャーリズムや表現の自由に造詣の深いことが条件だ。日本の制度が、中国や北朝鮮、ベトナムなど、一部の一党独裁国家と同じであることを自覚しなければならない。ジャーナリスト個人の資質や教育にも課題はあるものの、根本的にはシステムの問題と捉えるべきだ。

その上で、システムを変えさせ、メディアを自分たちの手に取り返す必要がある。お手本は隣の韓国である。韓国では、軍事政権による言論弾圧を乗り越え、公共放送受信料の不払い運動やメディアの改革運動を経て、１９９９年に放送法を改正。放送の国家管理が解かれ、独立機関が誕生した。法律にはパブリックアクセス制度が盛り込まれ、全ての放送局で市民の番組を放送する義務が生じた。全国にメディアセンターが設置され、メディア教育やさまざまなワークショップが実践されている。そのスケールは日本の市民からは想像を絶するレベルである。

実は日本でも、２００９年に政権をとった民主党は、米国ＦＣＣをモデルにした独立機関の設置をマニュフェストに掲げていた。総務省には、独立機関をテーマにした審議会が設置され、激しい議論が巻き起こった。政財界と既存メディアの巻き返しにより、最終的に計画は頓挫したが、あれからまだ10年も経っていない。確かに現在のメディア状況は大変な危機だが、現実と向き合う中で、これまで70年、放置してきたものを、一から取り返す必要がある。

しらいし・はじめ／認定ＮＰＯ法人 OurPlanet-TV 代表理事

注1 Report of the Working Group (draft) 原文 6.133. Continue to guarantee the independence of the media, including by reviewing the current legal framework governing the broadcast media and to strengthen media independence by removing the legal basis for undue government interference.

注2 共同通信ニュース「同盟通信は太平洋戦争中どんな報道していた?」
http://kyodo.newsmart.jp/info/Result/2010/0913.php

注3 ＥＴＶ特集「敗戦とラジオ」（２０１０　ＮＨＫ）に詳しい

イージス・アショアがなぜ住宅密集地に？

櫻田憂子

２０１７年11月12日、秋田県の地元紙1面に「地上イージス　本県候補　政府　来月にも決定、山口も」という見出しが躍った。報道によると、「北朝鮮に対する弾道ミサイル防衛（ＢＭＤ）の新規装備となる地上配備型迎撃システム『イージス・アショア』の導入に関し、政府が秋田、山口両県を配備先の候補地として検討している」というものだ。しかも、12月には閣議決定を行うという。

これまで、社民党を基軸に平和運動を進めてきた「秋田県平和センター」では、直ちに秋田県知事や秋田市長に対し、配備計画撤回を国に要請するよう要請書を提出。その後、市民等とともに「イージス・アショア配備問題を考える実行委員会」を立ち上げ、考えられることはすべて行うという決意で取り組みを進めてきた。

最初に、実行委員会が考えるイージス・アショア配備問題に関する論点について触れておきたい。

①イージス・アショアの配備などミサイル防衛の強化によって、かえって緊張が高まること
②集団的自衛権の行使容認した安保法制のもと、アメリカの防衛戦略の一翼を担うものであり、専守防衛の枠を逸脱する危険性があること
③性能に疑問があり、防衛能力そのものや費用対効果が疑われること
④有事の際に攻撃を受ける危険性が高まること
⑤電磁波が住民の生活や健康に影響を及ぼす可能性が疑われること
⑥秋田市新屋《あらや》の自衛隊演習場は住宅地に隣接しており、その影響が疑問視されていること

特に、住宅地に隣接している状況は、ルーマニアやハワイ、山口県とも異なっており、演習場のすぐ隣には秋田商業高校や千秋学園が、ほどなく小・中学校や幼稚園、保育所もある。プロ野球の試合が行われるこまちスタジアムは1㎞以内に、秋田市立病院、秋田県

庁・秋田市役所は2・5㎞地点に位置しており、ドクターヘリの運航や防災対策の面からしても、やはり新屋演習場への配備は疑問と言わざるを得ない。

押し売りされた武器

12月5日に行った防衛省交渉では、防衛省側の回答のほとんどが「現時点で、何を導入するのかどこへ配備するか決まっていないのでお答えできない」というものだった。話し合いの内容にも疑問が残る。たとえば、北朝鮮の弾道ミサイルの能力が高度化してきており、領土・領海を守るために導入が必要としているが、それが本当なら、2023年度からの運用というのはあまりにも遅すぎる。しかも、北朝鮮の弾道ミサイルの高度化の狙いはアメリカであることは明白であり、北朝鮮を脅威と感じている国民感情を利用しているとしか思えない。また、イージスシステム及び迎撃ミサイルの性能の信頼性について、2017年6月のハワイ沖での「SM−3ブロック2A」発射実験の失敗が伝えられているにもかかわらず、「アメリカ軍の実験結果によると8割程度の命中率であり信頼性は高い」という。さらに、日本以外の他国へ向けミサイル発射した場合でも、存立危機事態などの要件を満たせば迎撃は可能であるという見解を示した。

恐らくは、安倍首相がトランプ大統領から新しい武器を押し売りされ、「商品品質」の検討もないまま買うことを約束したといったところだろう。当初800億円と言われていた購入価格も、のちに1000億円とあっさりアメリカの言い値を受け入れる日本。しかし、その財源は私たちの税金だ。

秋田県での反対運動の高まり

いつ閣議決定が行われてもおかしくない情勢のなか、12月9日、「イージス・アショアの配備に反対する県民集会@秋田」を開催。急な呼びかけにもかかわらず、集会には多くの市民が参加し、デモ行進を行った。また、12月17日には軍事ジャーナリストの前田哲男さんをお呼びし「イージス・アショア配備計画が示す狙いは何か」と題して講演会を開催した。この配備計画がアメリカによる対中国戦略の一環であり、システムを変えれば攻撃ミサイルも搭載できるものだということも聞かされ、専守防衛を超える危険性も改めて考えさせられた。

一方、閣議決定を前後して開会されていた秋田県議会及び秋田市議会に対しては、新屋住民の会が両議会に対し請願や陳情を提出していた。

秋田県議会に対する「地元住民の理解と同意がないままイージス・アショアの配備を行わないことを求める請願書」は、総務企画委員会及び本会議で不採択となった。本会議では、社民党会派及び共産党議員が請願に賛成の立場で討論に立ったほか、元民進党議員が「ミサイル防衛は必要だが身勝手と言われても秋田県への配備には反対する」といった趣旨の討論を行い、民進党議員とともに賛成に加わった。一方の秋田市議会には「イージス・アショア配備にかかる事実関係の説明及び情報開示に関する陳情書」を提出していたが、こちらも不採択となった。

この間も、中止を求める行動は継続的に行われていた。社民党秋田市支部や秋田地方平和労組会議では、連日のように秋田駅前や県庁前で街宣行動に取り組んでいたし、平和労組会議内の労働組合への要請や街頭でのチラシ配布では、県出身国会議員へ「配備しないでください」という趣旨のはがきの送付を呼びかけた。

しかし、安倍内閣は、より大きな運動に発展させる暇を与えず、報道から約1か月後の12月19日、イージス・アショア2基の導入を閣議決定した。相変わらずその配備先については一切示さなかったが、各紙は「配備先は秋田県・山口県両県を検討」と報道した。実行委員会は直ちに抗議声明を発表し、安倍首相及び小野寺防衛大臣あて送付するとともに、何の説明もないまま閣議決定を行ったことへの抗議と配備計画撤回を訴え、秋田駅前で抗議行動を行った。

北朝鮮への脅威が県民の深層に住み着く中で

閣議決定までの1か月、不十分ながらも全力で取り組んできた。マスコミにも注目され、記事を見た知人や友人から、イージス・アショアについて聞かれたり激励されたりすることもあった。しかし、一方で、「北朝鮮はやっぱり怖い」「ミサイルが日本に飛んでくる可能性はないのか」「木造船にスパイがいるのでは」など、北朝鮮に対して不安を口にする人も多かった。

事実、北朝鮮が実験した弾道ミサイルの多くは日本海に着弾していた。県内の漁師は「飛んできたミサイルが漁船にあたるのではないか心配だ。早く配備してほしい」とインタビューに答えている。秋田県内でも、ミサイル着弾を想定した防災訓練が実施され、その様子が報道された。ミサイル実験に際しては、Jアラートが鳴り、ヘルメットを被ったTVキャスターが「頑丈な建物の中に避難してください」と繰り返し訴える。冷静に考えればその過剰さが逆に白々しく思えたりするのだが、「北朝鮮への脅威」という不安は心の深層に住み着いてしまった。さらに、昨年秋には、秋田県の海岸にも北朝鮮のものと思われる木造船や遺体が、過去にない数で次々と漂着していた。生存者が漂着したこともあり、秋田県知事が「スパイ」の可能性に言及したことで、県民の不安は絶頂に達していたのだ。

もちろん、その不安の原因一つ一つに反論することは可能だが、多くの県民が不安を抱えているという事実を前提に、その不安と向き合い、一緒にこの課題について考えていかなければ、運動は県民のものとはならない。賛成・反対を論ずる前に、何かやるべきことはないのか。住民たちの不安や疑問に答えるためには、まずは知るための学習会が必要なのではないか。

そうした実行委員会での議論を経て、演習場と隣接している新屋勝平町内の有志が集まる会へお邪魔し、住民学習会を一緒に実施してもらえないかと提案した。賛否については一旦棚上げし、まず勉強するというのであれば、ということで、2月3日、4日の両日、「イージス・アショアについて考えてみませんか？ 新屋地区住民勉強会」の開催が決定。講師には、元陸上自衛隊レンジャー隊員の井筒高雄さんをお願いした。また、運営についても前半1時間を講演、後半1時間は質疑応答として参加者の不安や疑問を出し合えるよう工夫することとした。

両日の勉強会には、狭い会場ながら延べ230人ほどの人が集まった。講演の後には、「住宅地になぜ?」「電磁波の影響はどんなものなのか?」など多くの質問が出され関心の高さがうかがえた。ミサイル配備は仕方がないと考える人も反対の人も、きちんと説明してほしいという点で共通しているように感じた。

県民の運動を大きく

2月5日、私たちは国会請願を行うため永田町の議員会館を訪れた。秋田県選出の希望の党所属議員を初め、立憲民主党、民進党、社民党、共産党の所属議員を訪問するなかで、ミサイル防衛の必要性やイージスシステムへの評価などについては違いがあるものの、今のイージス・アショア配備計画には進め方も含めて問題があるとの認識では共通していた。「国会でもがんばりますから県民の運動を大きくしてください」との激励を受け議員会館を後にした。

秋田県には、アメリカ軍基地も原発関連施設もない。これまでも安保法制や共謀罪などの反対運動に取り組んできたが、福島や沖縄のように県民感情と向き合い、そのなかで方針決め運動を進めてきた経験がない。本来はそうすべきだったのにやってこなかった。いや、それとも違う。県民感情と向き合ったふりをして、本当は自分たちの考えを押し付けてきただけではないか。

住民勉強会の様子

いろいろな考え方を持っている人たちと、最大公約数でつながっていくための調整はなかなか難しい。しかし、そこにこそ、これまでにない運動の広がりの可能性もあると確信している。

県民の運動を大きく――これこそが私たちに課せられた課題である。今後、取り組もうとしている請願署名をどういった形で進めていくのか、地域住民との学習や対話の継続をどうしていくのかが問われている。運動は今始まったばかりだ。

子どもたちの未来が戦争のない平和なものであってほしいと誰もが願う。しかし、それは願うものではなく、この時代を生きている私たちがつくるものである。秋田県の未来を思い描きながら、柔軟に粘り強く取り組んでいきたい。

さくらだ・ゆうこ／イージス・アショア配備問題を考える実行委員会 実行委員長

米国製武器の爆買いに走る安倍政権――軍産複合体の罠から抜け出すために

杉原浩司

武器商人トランプ

2017年に約420億ドル（約4兆7300億円）に及ぶ世界最大の武器輸出を行った米トランプ政権は、就任2年目に入り、さらに武器輸出に力を入れつつある。2月初旬にも「国家安全保障決定令（NSDD）」に署名し、米国製武器の輸出規制を緩和するとともに、海外駐在の米武官や外交官に武器の売り込みをさせるという。

あまり知られていないが、オバマ前政権は第2次大戦後のどの歴代米政権よりも多額の武器輸出を承認した。米国のウィリアム・D・ハートゥング（国際政策研究所）はこれを「オバマの武器バザール」と呼び、「もはや手をつけられない。どの陣営にも米国製兵器があり、もうぐちゃぐちゃです」（2015年4月7日、「デモクラシー・ナウ！」）と厳しく非難していた。トランプはその上を行こうというのだ。

中東での終わりの見えない戦争と北東アジアでの高まる緊張が、米国の軍産複合体に強烈な追い風を吹かせている。日本が17機の導入を予定するオスプレイを製造するボーイングの株価（2017年12月15日終値）は年初比で87％も上昇。無人偵察機グローバルホークを造るノースロップ・グラマンは32％上昇するなど、巨大軍需産業の株価は軒並み上昇している。トランプ政権自体が、昨年7月にボーイングのパトリック・シャナハン上級副社長を国防副長官に、10月にロッキード・マーチンのジョン・ルード上級副社長を政策担当国防次官に起用するなど、軍産複合体との癒着を露わにしている。

トランプ大統領は2017年11月の来日時の安倍首相との共同記者会見で、「日本はもっと武器を米国から買うべきだ。ミサイルをはじめあらゆる武器がそろっている」と言い放った。安倍首相も「米国からさらに購入をしていくことになるだろう」と応じた。これほど露骨な武器のセールストークは前代未聞だ。そして既に、米国製高額武器の購入はうなぎ上りの状態となっている。

補正予算の軍事化とFMSの拡大

2018年度の防衛省予算案は5兆1911億円と6年連続で過去最高を更新した。補正予算にも2345億円が軍事関連で計上され、あっという間に成立してしまった。同予算には地上配備型迎撃ミサイルシステム「イージス・アショア」の調査費や能力向上型PAC3−MSEミサイルの調達費などが盛り込まれた他、8割が武器調達のための「分割払い」の前払いとなっている。

2017年12月23日の日経新聞は、「補正予算がないと必要な防衛費はまかなえない」（防衛省幹部）、「両予算の合計額が防衛の実態に近い」（政府関係者）との声を紹介したうえで、2007〜2017年度の10年間で、本予算と補正予算を加えると、6回もGDP（国内総生産）比1%を超えていることを指摘している。

この間、顕著に見られるのは、「有償軍事援助（FMS）」と呼ばれる武器調達の急増だ。FMSとは、米国政府が武器輸出管理法に基づいて、米企業の武器を売却する事業だ。その特徴は、①言い値で買わされる、②代金を前払いしたのに部品が届かないことがある、③見積もりよりも価格が上昇する、など米国側の意向が優先される不平等な取引となっている。FMSは第2次安倍政権以降の5年間でそれ以前の5年間に比べて、約4・5倍に激増している。

会計検査院はFMSによる調達の問題点を何度も指摘してきた。2017年9月13日、F35Aステルス戦闘機（42機購入予定）に関して、1機当たりの価格が120億円から157億円に上昇し、機体の調達・維持費の総額（ライフサイクルコスト）が約3000億円も高騰していると問題視し、改善を求める報告書を国会と内閣に提出した。要求と異なるソフトウェアが搭載されたり、日本企業の製造した部品の搭載が進んでいないことも明らかになっている。

また、無人偵察機グローバルホークは、導入を決めた2014年に3機計510億円と見積もられながら、2017年4月に米側から約120億円高くなるとの通知が届き、防衛省内で一時、調達中止が検討された（結局、予定通りに）。トランプ大統領の押し売り発言を受けて、こうしたFMSがさらに加速することが懸念される。

ムダで危険なイージス・アショア

次に、予算案に盛り込まれた武器の問題点をクローズアップしておこう。まず、経費の面でも大きい「ミサイル防衛（MD）」について。既にMDには2兆円に及ぶ血税が投入されているが、今回、新たにイージス・アショアの導入経費が補正予算と本予算案に計上された。2017年12月19日の閣議決定を受けたものだ。2基の導入が予定され、秋田市の新屋演習場と山口県萩市のむつみ演習場が候補地にあがっている。

イージス・アショアは当初、1基800億円とされていたが、すでに1000億円に跳ね上がり、さらなる上昇は必至だ。すでにさまざまな問題点が指摘されているが、ここでは、「地元の懸念」に対する宮家邦彦（キヤノングローバル戦略研究所研究主幹）の反論を批判したい。

最初の論点は、レーダーが発する強力な電磁波についてだ。宮家は「目標に照射するビームの量が少ないので、放出される電磁波も従来型よりはるかに少ない」と述べている。しかし、イージス艦の場合、人体に悪影響のある強力な電磁波が出るとして、航海中は乗員は甲板に出ることが禁止されている。また、同様に強力な電磁波を出す「Xバンドレーダー」が設置された京都府京丹後市の米軍経ケ岬通信所では、航空機の計器類に故障が生じるとして、半径6キロ、高さ6キロの空域が飛行制限空域となっている（2017年12月18日、東京新聞）。同記事の半田滋の指摘によれば、レーダーの運用が開始された2014年12月から2017年12月までに、救急患者の搬送に使用されるドクターヘリが基地周辺を飛行するためレーダー波の停波を要請したことが9回あったという。

これは、電磁波による市民生活への悪影響そのものだ。私たちが昨年12月に行った政府交渉で防衛省の担当者は、イージス・アショアについても、飛行制限空域が設定される可能性は高いと認めた。宮家は「人体に悪影響があるなら、そもそも採用されなかっただろう」と書いているが、身勝手な憶測に過ぎない。とりわけ秋田市の場合、演習場から1キロ以内に住宅地や小学校、中学校、高校や保育園などがあるという。地元の懸念には十分な根拠がある。

イージス・アショア導入の閣議決定に抗議（2017年12月19日、官邸前）

次に、配備地が北朝鮮のミサイルの標的になるかどうかについて。宮家は、第2次朝鮮戦争になれば北朝鮮は総攻撃を受けて崩壊するので、ミサイルをそう何発も撃てないとして、最初の攻撃でイージス・アショアを狙うとは思えないと述べる。そうだろうか。イージス・アショアは、グアムやハワイに向かうミサイルの迎撃を主任務としている。だからこそ相手は、そのミサイルを迎撃する役割を持つイージス・アショアを第一級の標的に据える可能性が高い。中国やロシアも、自国のミサイルを迎撃するための基地を最重要の標的の一つに位置づけるだろう。宮家の指摘は過小評価に過ぎる。

ただし、イージス・アショアを含むMDの増強を世論の大勢が「支持」しており、MDは「専守防衛」にふさわしい防御的システムだという理解が浸透している。そこには、MDという「盾」が攻撃力という「矛」と一体で運用されるという事実が抜け落ちている。

「ミサイル防衛というシステムは、先制攻撃すると反撃されるという恐れから米国を解き放ち、米軍が安心して先制攻撃を行える態勢をつくることに眼目」（宇宙の軍事化と核戦場化に反対する地球ネットワーク）という指摘にある通り、MDは「先制攻撃促進装置」として機能するのだ。だからこそ、MDは「軍拡競争推進装置」として、地域の軍事的な緊張を高めることになる。

日本は今や、弾道ミサイルのみならず巡航ミサイルの迎撃も含む米軍の「IAMD（統合防空・ミサイル防衛）」構想の実験台になりつつある。その中核を担うとされる巡航ミサイル迎撃用の「SM6」

ミサイルの試験弾薬の取得費（21億円）が予算案に盛り込まれた。MDは「スパイラル（らせん状）開発」の名でシステムを更新し続けるものであり、軍産複合体にとっては「金の成る木」そのものだ。

1月31日にハワイのイージス・アショア試験施設で実施された、日米共同開発した「SM3ブロック2A」ミサイルによる迎撃実験は、前回に続いて失敗に終わった。それでも小野寺防衛相は、導入計画に影響はないとうそぶいている。配備候補地の人々と連携しながら、配備の撤回に追い込んでいきたいと思う。

敵基地攻撃兵器導入という「先取り壊憲」

安倍政権は概算要求に盛り込んだ「日本版トマホーク」と言われる新対地・対艦ミサイルと「高速滑空弾」の研究費のみならず、米国製（JASSM、LRASM）、ノルウェー製（JSM）の3種類の長射程巡航ミサイルの購入費を昨年末の予算案に突如計上した。望月衣塑子によれば、米国の巨大軍需企業の関係者すら、「こんなにも急に導入に踏み切るとは」と驚いていたという。

しかも、かつて自民党の検討チーム座長として「敵基地反撃能力」の保有を提言した張本人である小野寺防衛相が、「日本海のイージス艦を敵ミサイルから守るため」だの「専守防衛に反しない」だのと詭弁を弄している。

「専守防衛」を完全に骨抜きにするこの企ては、憲法9条の規範力の最終的解体を狙うものだ。紛れもない実質改憲であり、「先取り壊憲」と言えるだろう。この点に関しては、「攻撃的兵器不保持の原則が維持できない場合、戦力統制という9条2項の持つ意義は消失し、際限のない軍拡が可能となる」（2014年5月15日、朝日新聞）との木下昌彦（神戸大准教授）の指摘が正鵠を射ている。軍事力とは〈能力×意志〉だとよく言われるが、歴代政権は意志を縛ることが困難だからこそ能力を縛ってきたのではないか。

長射程巡航ミサイルに留まらず、ヘリ空母「いずも」を改修して正真正銘の空母として運用する構想や、空母に搭載するF35B戦闘機の保有の検討が報じられ、敵基地攻撃に不可欠とされる電子攻撃機の保有までが浮上している。木下の警告通り、際限なき軍拡のメニューが既に示されているのだ。

見過ごせないのは、敵基地攻撃兵器の保有が南西諸島の軍事化にも直結していることだ。空母の南西諸島防衛への利用や、F35Bを宮古・石垣・与那国島の他、南・北大東島の各空港でも使用するとの計画が出ている。

そして、敵基地攻撃兵器の保有は「安保法制」と連動し、日米共同軍事作戦態勢の強化にもつながるだろう。日本の空母を日米共同運用して、米軍のF35B戦闘機を発着させ、給油も実施することが想定されているという。

かつて敵基地攻撃兵器の研究費の計上を阻止した公明党は、今回、防衛省がひねり出した屁理屈を容認して導入にゴーサインを出した。それでも「専守防衛という基本は変わらない」と言い張っている。その堕落ぶりは留まるところを知らない。

誤解を恐れずに言えば、敵基地攻撃兵器の保有などの「先取り壊憲」を止められなければ、たとえ改憲発議を阻めたとしても、あるいは国民投票において明文改憲を阻止し得たとしても、「自衛隊」は憲法による制約からほぼ解き放たれた「戦力」として立ち現れるのではないだろうか。

年末までに、新たな防衛計画の大綱、中期防衛力整備計画、国家安全保障戦略、そして、陸海空3自衛隊による軍事作戦指針としての「統合防衛戦略」が策定される。「先取り壊憲」を予算化したうえで、これらの基本文書に後付けで書き込もうとの筋書きだ。

問われているのは、実態を先行させつつ明文改憲という総仕上げを目論む安倍政権のたくらみを見抜いて、市民の側も重層的に立ち向かうことではないだろうか。

朝鮮戦争を終わらせる

今まで述べてきた大軍拡がまかり通る背景に、「北朝鮮脅威論」があることは間違いない。朝鮮半島危機へのオルタナティブな解決ビジョンを提示することなくしては、押され続けるだろう。

私は、市民が掲げるべきは、「朝鮮戦争を終わらせる」という歴史的な課題だと確信している。7月27日で休戦協定から65年になるという。米朝戦争のリスクは消えておらず、平昌オリンピック後の展開は予断を許さない。日本の市民運動は、米韓合同軍事演習をそそのかして戦争を引き寄せるかのような安倍政権に、「戦争させるな」の声をぶつける戦争予防運動と同時に、「米朝の休戦協定を平和協定に」を柱とする強力かつ広範な脱冷戦運動＝〝終戦〟運動を展開すべきだと思う。

その際、圧倒的な攻撃力を誇る在日米軍を含む通常戦力の「矛」と、核の「傘」の両方を縮小させることが欠かせない。米国の「矛」の中身は恐るべきものだ。横須賀基地の11隻の米軍イージス艦には各々100発近いトマホーク巡航ミサイルの発射管が存在するという（梅林宏道『在日米軍』岩波新書）。一部は24時間の発射態勢に置かれているとも言われている。いざとなったら、1000発ものミサイルで北朝鮮や中国をピンポイント攻撃することが可能なのだ。

そして、「使える核」の開発に舵を切るトランプ政権の核態勢見直し（NPR）にも反対の声をあげていきたい。核・非核兵器をともに縮小させることは、北朝鮮や中国が軍備を増強する「動機」自体を奪い、北東アジアの脱冷戦と非核化を前に進めることに通じるだろう。その過程で、核兵器禁止条約や北東アジア非核地帯という仕組みを具体化させていくことが必要だ。

最後に、米国製高額武器の爆買いによって、何が損なわれているのかにふれておきたい。F35A戦闘機1機約157億円は、生活保護費の切り下げ額の約160億円に等しい。また、イージス・アショア2基2000億円は、1300か所の保育園の建設費に相当する。今こそ、「軍事費削って暮らしに回せ」という主張に力を持たせる時だ。そして、この悪政の見本のような予算編成に対して、分野を超えてつながり、「市民による予算組み替え要求」のようなキャンペーンができないだろうか。私たち市民がもっと賢くなり、主権者として税金の使い道を正していくことも求められている。

すぎはら・こうじ／武器輸出反対ネットワーク（NAJAT）代表

リケジョと軍事研究

インタビュー：大倉多美子さん

まとめ：濱田すみれ／アジア女性資料センター

おおくら・たみこ／薬学博士。東京生まれ。1965年東京薬科大学卒業、東京大学にて薬学博士号を取得。慶應義塾大学医学部先端医科学研究所、お茶の水女子大学客員研究員を経て、現在、慶應義塾大学医学部非常勤講師、徳島文理大学非常勤講師、日本女性科学者の会前会長。

リケジョのいま

2010年頃から理系の女子学生や女性研究者など理系分野に関わる女性たちを意味する「リケジョ」という呼び方が広がりました。もともとは、理系に進む女性が圧倒的に少ない状況は男女平等の視点から問題があるという議論のなかで出てきた言葉です。

これまで理系の女性たちの待遇は、男性と比べると、大変悪いものでした。理系の女性たちのなかにも当然、優秀な人もいるのに、男性中心のなかでは昇格が難しく、男性の何十倍の働きをしても女性であるために意思決定の場に入れてもらえない、発言権もないという状況がずっと続いていたのです。また、両親が理系の仕事に就いていると、ある程度の理解はありますが、危険を伴う実験があるため「体に傷がついたら大変だ」と、娘が理系に進むことに反対する親たちも多くいました。そして、小学校の高学年までは理系分野の仕事をしたいという女子は多くいるのですが、中学に進むと、教員がほとんど男性というなかで、理系に進むことをためらう気持ちが生まれる女子がたくさんいたと思います。

しかし最近では、分析器の発達や、ライフサイエンス分野の研究の広がりなどが理由で、肉体的にも非常に楽になってきたといえます。とくにライフサイエンスは性別に関係なく人気で、女性たちもその分野に殺到しているという状況です。つまり、「リケジョ」と言っても分野によって大きな偏りが出てしまっているのが現状だと思います。とくに理工学部に進む女性の数は昔から少なかったけれど、リケジョ・キャンペーンのかいもなく、増えていません。薬学や医学などでは女性は増え、むしろ多いにもかかわらず、大学や企業の物事を決定する上層部は相変わらず男性ばかりという問題も解決されないままです。

戦中戦後の経験

私は戦中戦後を生きてきました。私は7歳になって初めて母親を認識したのです。生まれてすぐに家族はバラバラ、疎開していたためです。3歳の時に見たB29のことは今でも鮮明に思い出します。7歳で学校に入るために廃墟となった焼け野原の東京に戻ってきましたが、それまで疎開していた場所は自然がとても豊かで、小さかった私は海や山に憧れ親しみを感じました。その経験があったので小学校3年生からは登山を始めます。ロッククライミングもしていました。登山をしながら次第に植物や生物に興味を持つようになり、植物採集をしながら全国各地を歩きました。

大学では植物の研究（天然物化学／創薬）をしたのです。その間、新しい植物を発見し、学名に自分の名前がついているものもあります。それと同時に薬用になる植物について、10年かけて全国各地で聞き取り調査をして、それは膨大な資料になっています。そのノウハウを土台に私の研究がはじまったのですが、なかなか教授になれませんでした。教授になれないと予算などの研究環境の関係で、自分のやりたい研究は全くできません。それでも与えられたものをやっていくうちに、いつかチャンスがあるだろうと思って寝食も忘れ日夜努力しました。35歳くらいまでは文句も言わずに、言われたことは言われた通りにすべてやったと思います。爆発実験もこなしました。

当時は、理系の研究者たちもフィロソフィーをとても大事にしていました。フィロソフィーをもって生きていないと、例えば研究がつまずいた時に乗り越えられないからです。高名な数学者や科学評論家とも熱くディスカッションする機会もあったりして、食・物には全く恵まれなかったけれど、精神的には充実した良い時代だったのではないかと思います。現在は東洋医学普及に努めています。

研究が戦争に利用される可能性

戦後、「技術立国」と言われた日本は、資源のない国として科学技術の発展を頼りにして、ここまでやってきたことは間違いないと思います。私は、科学技術の発展を目指したことは軍事主義的な発想だとは思っていません。「リケジョ」という言葉もそうです。

しかし問題は、日本の中小企業がこれまで培ったさまざまな素晴らしい技術を持っているにもかかわらず、そこにはお金が回ってこないため、経営が成り立たなくなっていることではないでしょうか。体力労働の分野には人が集まらず、工場はずっと人手不足です。

最近は、成果主義の影響で、研究者たちは、すぐに結果の出る研究ばかりしています。こうした傾向にある理由は、以前は多くの大企業が持っていた研究所が潰されてしまったからだと思うのです。今では企業内での基礎研究がほとんどできなくなってしまいました。そうすると、各企業は大学に応用可能なシーズ（種）を求め、研究者は大学に研究の場を求めるようになります。そうすると、お金のある大学とない大学とのあいだで研究に格差が生じてしまうのです。そこで大学は研究費獲得のために大企業や国家が求める研究をするようになっていきます。

現在、防衛省は大学に対して高額の研究費を支給すると言っています。防衛省による支給を「軍事費」と捉えるかどうかという問題はともかくとして、このままでは探求心旺盛な研究者の研究が、結果的に政府が要求しているものに方向付けされてしまうことは間違いありません。支給される研究費が何を目的にしているのか、どんな意味を持つのか、大学も学生も指導者も理解していないのではないでしょうか。防衛省の募集には国立も私立も多くの大学が応募していますが、その研究がいつどのように利用されるのかはわかりません。戦争ができる国づくりを進めている現政権によって方向づけられる支給ですから、戦争に利用できる研究になってしまう恐れは高いと思います。

研究の成果というものは、良く利用しようと思えば、医療など人間の命や生活に役立ちますが、悪く利用しようと思えば、核/細菌兵器、原子爆弾などにもなってしまいます。これは研究者の問題ではなく、政府介入による研究の方向付けの問題です。学術会議でも、このことが大きな問題になっています。ですから、国のリーダーが誰であるかというのは、とても重要な問題です。

何のための研究か、自分の頭で考える

私は学生運動など「闘争の時代」を生きてきましたが、もし世の中がおかしいと思ったら、リーダーを変えようとしない限り変わらないと思います。

現在、私は議会にクオータ制を導入することで、議員の質を上げる必要があると考えて関連の活動をしています。ロビー活動を通して気がついたのは、議員のなかに理系分野の出身者がとても少ないということです。文系出身者ばかりが議員になっていることには驚きました。原子力問題や環境問題は、ほとんどが理系分野なのに、その分野に強い人が議員にいないのは問題ではないでしょうか。たとえば、原子力委員会にはこれまで女性が一人もいませんでした。最近、やっと女性を入れることにしたようですが、専門分野と全く違う文系の女性を入れるのですから呆れます。

私は今、戦争のにおいがしているように感じます。過去の戦争を振り返ってみると、物理学者などは戦争への道を支え、加担してきたという歴史があります。戦争というのはあっという間に起こりますし、一度、起きたら止められないものです。世の中が混乱すると必ず社会のなかで弱い立場に立たされている女性や子どもたちに被害が及ぶと思います。平和であればこその男女平等社会なのです。

理系の職業を目指す女性たちには、しっかりとした倫理観や信念を持ってほしいと伝えたいと思います。ただ上から与えられた仕事をして、論文を書いて、学位や博士を取得することだけを目標にしてほしくないのです。自分は何を探求したくて研究しているのかを自分の頭で考えることができれば、カリスマ性のあるリーダーの登場によって引っ張られて、知らないうちに戦争に加担してしまうということはないと思います。

私にとって自分と同じリケジョが増えることはとてもうれしいことです。今、若い人たちと意見交換をする機会を作っています。これから、「リケジョ」として生きてきた私の経験を共有する機会もあるといいなと思います。

国内女性NEWS

生活保護基準の引き下げで失われるものは何か

〈すべて国民は、健康で文化的な最低限度の生活を営む権利を有する。国は、すべての生活部面について、社会福祉、社会保障及び公衆衛生の向上および増進に努めなければならない。〉

これは、日本国憲法第25条の条文です。

日本の憲法には「生存権」が明記されています。もちろん、ほとんどの先進国では「生存権」は認められ、どの国にも生活保護に近い社会保障制度（公的扶助制度）は整備されていますが、条文として文言を割いている国は多くはありません。

私たちは憲法によって「健康で文化的な最低限度の生活」を保障されています。そして、国は、私たちに「生存権」を保障する責任とともに、諸制度の向上と増進に努めることを求められています。

「健康で文化的な最低限度の生活」を支えるために生まれた制度である「生活保護」ですが、いま、政府によりその基準が引き下げられようとしています。

生活保護の新基準が明らかに

政府は２０１７年12月22日に、実質的な生活保護の引き下げとなる生活保護の新基準を適用した２０１８年度の予算案を閣議決定しました。公開された資料等によれば、生活保護の新基準における削減（引き下げ）額は約１６０億円。全体でいうと平均１・６％の金額分、生活保護利用者の生活費の給付水準が下がることになります。

もちろん、これはまだ「予算案」なので、国会での可決成立をもってはじめて正式な予算となるのですが、前回の大規模な基準見直しがおこなわれた5年前の生活保護基準引き下げに続き、大きな削減となります。

具体的な内容としては、

○生活扶助（生活費分）は１８０億円の減額（平均１・８％）

・減額幅は現行基準から5％以内にとどめる

・見直しは段階的に実施（２０１８年10月から）

○有子世帯（児童養育加算、母子加算）は児童養育加算は40億円の増額も母子加算は20億円の削減

・児童養育加算を3歳未満１・５万円を1万円に。中学生までだった対象を高校生に拡大

・母子加算を平均２・１万円から１・７万円へ減額

・教育扶助・高等学校等就学費を一部拡大

があげられます。

評価が難しいのは、基準額が上がる世帯もあることです。全世帯でみると67％が削減となり、８％は現状維持（入院等の基準額の変化の影響を受けない世帯）、26％は増額します。（一律にすべての世帯が下げるわけではありません）

また、子どもがいる世帯を見てみると、43％は削減、57％は増額。母子世帯は38％は削減、61％は増額となりました。

全体的に見ていくと、都市部では多くの世帯で下がり、地方では微増の見込みです。あまり報道はされていないのですが、単身高齢世帯などは多くの世帯で微減してしまうと言われています。

地方や子育て世帯などで増額する世帯もあるとはいえ、２０１３年8月よりの前回の基準見直しにともなう削減では、すでに全世帯平均で６・５％も削減されており、５年前以前の基準と比べると、今回増額されると言われているどの世帯でも結果的にはおおむね削減されている、ということになりそうです。

そして、実は前回の5年前の削減において、特に母子世帯は67％

が5％以上の削減をされているということもあり、今回、微減する都市部はもとより、一部基準額が微増する地方などにおいても、2013年8月以前の基準には到底達しないと考えられます。

子どものいる世帯の生活保護基準を引き下げる、また、引き下げ続けてきている、ということは、子どもの貧困対策の観点からも大きな問題があります。

引き下げの根拠は何か

生活保護の基準は、厚生労働大臣が決めることができる、とされています。（生活保護法により）

もちろん、厚生労働大臣が自分だけで決めることは難しいので、社会保障審議会生活保護基準部会という学識経験者による専門委員会が開催され、厚生労働大臣に意見をのべ、報告書を提出します。その報告書を基に、部会の事務局をつとめる厚生労働省が基準案を策定し、厚生労働大臣から内閣に提出する、という流れになります。

生活保護基準の決め方については、時代によってさまざまな変遷があるのですが、現在は、低所得者の消費実態等を基にしたデータを使って、適切な基準を計算する方法をとっています。

今回の、生活保護基準の引き下げの根拠として、政府は一般低所得世帯の消費水準が低いのでそれに合わせる、と説明しています。

奇しくも政府自らがこの数年で低所得者の生活が悪くなっていることを明らかにした形ですが、高齢化や若年層の非正規労働化などにより、生活が苦しい状況の人が増加していることは事実でしょう。

しかし、だから、生活保護の基準も下げなければならない、のだとすると、景気の悪化などで全体の所得水準が下がったら、連動して生活保護基準自体も下がり続けてしまうことになります。

それでは、日本社会のボトム（最低限のライン）が崩壊してしまいます。

事実、生活保護の基準の引き下げによって50程度のほかの制度にも影響があると言われています。それは、例えば、住民税の非課税基準が下がったり、国民健康保険料や介護保険料などの減免基準が下がったりなど、生活保護の手前の低所得者にマイナスの影響が出てしまうものばかりです。

生活保護基準の引き下げで失われるものは何か

生活保護を利用している人は現在約212万人。52％が高齢世帯、27％が傷病・障害世帯、6％が母子世帯です。（16％程度の「その他世帯」は働ける年齢層と言われていますが、世帯主の平均年齢は50代後半と言われています）

今回の引き下げ案は、彼ら212万人の生活に直接的に影響しますが、その手前の何百万もの人々にも間接的に影響します。

生活保護制度が、私たちの「健康で文化的な最低限度の生活」を支えることができているのか、また、国がこれらの諸制度の「向上および増進」に努めているかどうか。

残念ながら政府の取り組みは不十分で、むしろ、生活保護利用者や低所得者に対して冷たいものであると思います。

生活保護基準の引き下げで失われるものは何でしょうか。それは、単に支給される金額が下がる、のではないでしょう。この社会の在り方が問われていると言っても過言ではないと思います。

私たちは、政府案に対して、低所得者の生活、生活保護利用者の生活水準を守るためにも、きちんと声をあげていこうと考えています。この問題に多くの人が関心をもってくれることを願っています。

大西連／1987年、東京生まれ。認定NPO法人自立生活サポートセンター・もやい理事長。著書『すぐそばにある「貧困」』（2015年　ポプラ社）ほか

市民社会が実現した核兵器禁止条約——ICANの取り組み

「核兵器の物語には終わりがあります。どのような終わりを迎えるかは、私たち次第です。核兵器の終わりか、それとも、私たちの終わりか。そのどちらかが起こります。」

２０１７年12月10日、オスロで行われたノーベル平和賞授賞式で、核兵器廃絶国際キャンペーン（ＩＣＡＮ）事務局長のベアトリス・フィンが演説した。

ＩＣＡＮは、２００７年にオーストラリアで発足。現在は、スイスのジュネーブに国際事務局をかまえ、核兵器を禁止する４６８団体（１０１か国）が名を連ねる。中心核となる国際運営グループには婦人国際平和自由連盟（ＷＩＬＰＦ）や核戦争防止国際医師会議（ＩＰＰＮＷ）、ピースボートなど10団体が参加している。これまでに締結された地雷やクラスター爆弾の国際禁止条約のように、核兵器も条約で禁止しようと発案し、諸国政府と協力しながら世界的なキャンペーンを展開してきた。２０１７年７月、国連で核兵器禁止条約が成立し、「核兵器がもたらす破滅的な人道上の結末への注目を集め、核兵器を条約によって禁止するための革新的な努力をしてきたこと」が評価され、同年ノーベル平和賞が授与された。

核兵器禁止条約は、核兵器のあらゆる活動を禁止するとともに、核被害者の権利確立・保護を定めている。交渉会議には、広島・長崎の被爆者のみならず、オーストラリアやマーシャル諸島からの核実験被害者の発言が常に取り上げられた。前文で、「hibakusha」と核実験被害者が受けてきた苦痛に言及し、「いかなる核兵器の使用も国際人道法に違反し、人道の諸原則・公共の良心に反する」とされたのは、その成果と言える。

また、ジェンダーと核の関係は大きな注目を集めた。会議開催中、Women's March to Ban the Bomb（核兵器を禁止する女性行進）が世界１５０か所で同時開催され、核兵器が「女性及び少女に不均衡な影響（電離放射線の結果としての影響を含む）を及ぼ」し、「女性及び男性の双方による平等、十分かつ効果的な参加は、持続可能な平和及び安全を促進し及び達成することにとり不可欠な要素であることを認識し、女性の核軍縮への効果的な参加を支援しかつ強化することを約束」するという文言も加わった。長年にわたる女性団体らのメッセージである。

これに反し、日本政府は米国の核抑止力がが日本の平和不可欠だと主張し、核兵器禁止条約への参加を拒否した。核軍縮を掲げながら核抑止力に依存する日本政府の矛盾は、世界各地で取り上げられている。唯一の戦争被爆国だからこそ、率先して禁止条約を進めるべきではないか。

ノーベル平和賞受賞を一過性のお祭りとしてではなく、全国的な議論として展開することが求められている。広島の被爆者サーロー節子さんはこの条約の締結を「核兵器の終わりの始まり」と表現した。ＩＣＡＮが核兵器禁止条約を可能にしたように、日本でも市民の力で、日本を含む多くの国の条約署名・批准を促していきたい。

ICANのウェブサイト：
http://www.icanw.org/（英語）
http://peaceboat.org/projects/abolition.html（日本語）

メリ・ジョイス／ピースボート国際コーディネイター

オスロで式典を終えたサーロー節子氏と、軍縮教育家キャサリン・サリバン氏（左）、ICAN国際運営員・ピースボート共同代表川崎哲氏（右）と一緒に （提供：ピースボート）

11・25女性に対する暴力撤廃国際デー・キャンドルアクション

２０１７年11月25日、日本軍「慰安婦」問題解決全国行動は東京でキャンドルアクションを行った。国連が定めた「女性に対する暴力撤廃の国際デー」であるこの日、約４００人が渋谷駅西口から歩道橋を渡り向かい側まで長い列を作り、黄色のペンライトを振って、「女性に対する暴力撤廃」を訴えた。当日にこのアクションの趣旨を聞いて参加した海外の方や、子どもを肩車した人など、さまざまな方が参加していた。

渋谷駅西口の歩道橋にて　写真：金浦密鷹

同日のほぼ同時刻、韓国ソウルでも大規模なキャンドル集会が開かれ、「慰安婦」被害者に「女性人権賞」が授与された。私たちは東京でキャンドルアクションを行うことで、韓国の集会への連帯の意思も表した。また、広島の原爆ドーム前でもキャンドルアクションが行われた。日本ではいまだに「慰安婦」問題は人権問題として受け止められていない。まるで韓国政府の外交のカードとして捉えている人も少なくないのではないだろうか。私たちは、「女性に対する暴力撤廃の国際デー」に「慰安婦」問題の解決を訴えることで、「慰安婦」問題が単に日韓の外交上の問題ではなく、今の女性への性暴力問題にもつながる普遍的な人権問題であること訴えようとした。

渋谷でのリレートークでは、主催団体の柴洋子さん（日本軍「慰安婦」問題解決全国行動共同代表）の他、田中雅子さん（上智大学教員／16 Days Campaign-Sophia University）、池田恵理子さん（女たちの戦争と平和資料館 wam 館長）、伊藤和子さん（ヒューマンライツ・ナウ事務局長）、佐藤香さん（女性と人権全国ネットワーク共同代表）、亀永能布子さん（安保法制違憲訴訟・女の会）、青木初子さん（沖縄・一坪反戦地主会関東ブロック）などさまざまな女性の人権課題に取り組んでおられる6名の方にご発言いただいた。

佐藤香さんは、「沖縄、うるま市で20歳の女性を強姦・殺害した米軍属男性は『まだ、日本では被害者が名乗り出るのには文化的に難しいので捕まる心配はないと思った』と弁護士に語ったという。日本には性暴力を許し続けてきた歴史がある。性暴力被害者が差別や偏見で、名乗り出ることができず被害はなかったことにされたり、告発しても被害者にも落ち度があるとされ非難され、被害者個人の問題にされたりする。被害者の立場に立ち、真実と向き合うことで、性暴力を許してきた社会を変えていきたい」と語った。

２０１７年12月、韓国政府は「日韓合意」に関する新方針を発表した。日本政府はこれに呼応して主体的に日韓合意の見直しを図るべきだ。被害者に何の相談もなく、日韓両政府が勝手に合意し、この問題を二度と蒸し返してはならないと加害者が被害者に要求する傲慢さを日本社会が自覚しない限り、「慰安婦」問題は解決しない。そのための運動を今後も続けていこうと思う。

野平晋作／ピースボート共同代表

非常勤職員の雇用期限無期転換方針を勝ち取ったシスターフッドの闘い——室蘭工業大学職員組合の闘争報告

　2017年12月20日、北海道の室蘭工業大学は職員組合に対し、事務・技術補佐員（一時的な業務のために雇用されている補佐員を除く）の雇用について、原則無期雇用へ転換する方針（勤務の管理監督者により雇用継続の推薦状の提出が必要。推薦書の提出がない場合、大学当局が継続希望する者と面談し、雇用継続の是非を決定する）を示した。2013年施行の改正労働契約法により、有期労働契約が通算5年を超えると無期労働契約に転換できる制度が導入されたことへの対応であった。なお、非常勤講師や特任教員、障がい者については2017年10月に、学長が特に認めた場合は5年を超す雇用を可能とする形へ就業規則が変更されている。

　室蘭工業大学では2009年に非常勤職員（ほぼ女性）の雇用期限が3年から6年になったにもかかわらず、改正労働契約法の制定により5年に切り下げられたという改悪の歴史がある。その苦い歴史を終わらせ無期雇用転換を勝ち取るために、職員組合は2016年以降、団体交渉や無期雇用化の学内意向調査を行ってきたほか、学内ネットや職員組合掲示板を通して、無期転換キャンペーンを継続してきた。2017年6月の組合との事務折衝で大学当局は無期転換への方針変更を示唆したが、それは人数やポストを限定したものだった。

　改正労働契約法の施行から5年になる2018年までになんとしても無期転換を勝ち取るという組合員（女性の非常勤職員が比較的多く加入している）の強い思いは、大学正門前等での街頭宣伝行動を生んだ。氷点下の2017年12月18日と19日、人通りが多い大学生協前と正門前に集まり、横断幕を出し、マイクで訴えた。横断幕を持ったのは全員、非常勤の女性組合員だった。その姿を目にし、マイクを握る私の胸が熱くなった。「これこそシスターフッドの闘い。絶対に無期転換を勝ち取る」という気持ちが胸の中に湧き上がった。日本政府は「女性の活躍推進」を盛んに訴える。しかし、室蘭で女性が仕事を得るのは非常に難しい。大学が女性の活躍を進めるのであれば、最も弱い立場に置かれている非常勤職員の雇用問題を解決することが先ではないか。それが私の演説の主訴だった。

　私たちの願いは、大学から職員組合に示された「原則無期転換」によりかなった。そのニュースを耳にしたとき、一緒に訴えてきた女性組合員たちは抱き合って喜んだ。

　現時点では無期転換の具体的な手続きは整っていない。しかし、すでに大学当局はその具体化に向けて動いている。シスターフッドは強し。そのことを強く感じた闘争だった。

大学生協前での街頭宣伝の様子

清末愛砂／室蘭工業大学大学院工学研究科
ひと文化系領域准教授

BPO意見書発表

「ニュース女子」に「重大な放送倫理違反」

東京メトロポリタンテレビジョン（MXテレビ）が放送した番組「ニュース女子」（2017年1月2日放送分）について、2017年12月14日、放送倫理・番組向上機構（BPO）の放送倫理検証委員会が、「重大な放送倫理違反があった」という意見書を発表した。

その特徴を2点挙げて感想を述べたい。1つは、委員会の審議の対象は、番組の「内容」ではなく「考査」が適正に行われたかという点にあること。「ニュース女子」はスポンサーの化粧品会社「DHC」が制作費を出し、子会社のDHCシアター（現DHCテレビ）とボーイズが制作、DHCがMXの番組枠を買い取って放送する「持ち込み番組」だ。MXは制作に関わっていない。このため、「考査」が適正に行われたどうかが審議の対象になった。

番組制作会社に抗議したい気持ちもあったが、「公共の電波で」ウソとヘイトが権威づけられ、拡散されたことをより重視してMXに抗議することにした私たちには、励みになる審議の組み立て方だった（なお、放送責任はMXも認めている）。今回の意見書は、前例として今後も意味を持つものになると思う。

2つ目のポイントは「ニュース女子」の内容を、委員会が独自に調査したことだ。問題となった「沖縄緊急調査　マスコミが報道しない真実」というコーナーの現場に委員自ら出かけて調査を行い、考査が適切に行われたのかを検証した。その結果、「抗議活動を行う側に対する取材の欠如を問題としなかった」『救急車を止めた』との放送内容の裏付けを確認しなかった」『日当』という表現の裏付けを確認しなかった」『基地の外の』とのスーパーを放置した」「侮蔑的表現のチェックを怠った」「完パケ（完成品）での考査を行わなかった」という6点を挙げ、MXの考査が「放送倫理に照らして適切に行われたとは言えない」と断じた。

基地建設反対運動を取り上げながら、取材せずに揶揄するのは言語道断だし、一度でも足を運び、そこにいる人の話を聞けば「日当をもらっている」「救急車も止める暴力集団」などの言葉がどれほど事実と乖離し、人々を傷つけるかがわかるはずだと私たちは思っている。BPOの結論は当然だと思う。ただ、どれだけ私たちがそれを言っても、世間にはなかなか届かない。「公共の電波を使ってウソをつかないで」という当たり前の主張が、「政治性を背景にした意見」と捉えられてしまうことが多い。このため、BPOという権威ある組織が検証し、「ニュース女子」には裏付けがない、侮蔑的な表現があると認めたことは、大きな意味がある（逆に言えば、そこまで労力をかけなければ、明らかなウソも、公的にウソと認定されないということでもある）。

「重大な放送倫理違反」と指摘された番組は過去2例しかなく、いずれも事実上の打ち切りとなっているが、MXは「再発防止に努める」というコメントを発表しただけで、「ニュース女子」を放送し続けている。「捏造、虚偽は認められない」という自社の見解を撤回せず、訂正も謝罪もしていない。電話にもメールにも応じず、会社としての説明責任を全く果たしていない。

BPOの意見書が本当に意味をもつものになるのかどうかは、これからにかかっている。注視すること、働きかけることを呼びかけたい。

川名真理／沖縄への偏見をあおる放送をゆるさない市民有志

臨床試験としての子宮移植

２０１４年９月、スウェーデンで、子宮移植手術を受けた女性が世界で初めて出産に至った。これにより、子宮性不妊の女性が、子宮移植を受けて子どもを産むということが急速に現実味を帯び始め、国内でも注目されるようになってきている。子宮移植は、これまで子宮がなく子どもを自分で産むことが叶わなかった女性たちにとって、「福音」になるとされている。

子宮移植は、臓器移植と生殖補助医療の双方に関わる技術であるが、子の誕生を目的としたもので、当事者や家族の願望充足のための医療である。子宮が先天的・後天的に欠如していたとしても、それは直ちに生命の危機を伴うものではない。ＱＯＬを改善するための医療は、顔面移植など既に行われている。こうした技術が成り立つ前提として、生殖を是とする社会がある。それは、子どもを産むことが女性にとって望ましいという社会的な力が働いているということである。

子宮移植では、出産時、移植された子宮は摘出されることが想定されているため、恒久的なものではなく、一時的な措置であるが、そのプロセスは極めて侵襲的でリスクが高く、移植時、ドナー及びレシピエントは、合計で十数時間もの大手術を要する。また、たとえ移植が成功したとしても、体外受精を経て妊娠出産に至るまでの負担やプレッシャーは非常に大きなものとなる。

子宮移植以外に、子を得る方法として養子縁組や代理出産がある。子宮移植は、血縁がある子どもを得る、という点で代理出産と類似性がある。代理出産の特徴はカップルの受精卵を代理母の子宮に移植することで、カップルと血の繋がった子どもを得るというものである。代理出産には、他人の身体を介在させることによって引き起こされるさまざまな倫理的問題がある。経済格差を背景に商業化される懸念も非常に大きい。また、日本では日本産科婦人科学会の規則により、事実上、代理出産は禁止されている。

他方、子宮移植の特徴は、血縁がある子どもを得るだけでなく、子を望む女性自身の身体を用いての妊娠出産が可能になることである。妊娠出産のリスクを他人に押し付けるのではなく、子を望む女性自身が負うことで、他者の身体の搾取を回避できる。また、自分で妊娠することにより、妊娠中の日常生活を自分で管理できる。

自分で妊娠出産する、というのが代理出産に比べ、子宮移植の大きな特徴になるが、移植された子宮を用いての妊娠出産は、自然に生じた妊娠出産過程とは全く異なるものになる。

すなわち、移植手術から免疫抑制、体外受精、その後の妊娠出産に至るまで、通常の妊娠出産とはおよそ異なるプロセスが展開されることになる。妊娠中、生命に関わる不具合が生じれば、移植された子宮を胎児ごと摘出しなければならない可能性もある。その喪失感は計り知れない。そして、何より、子宮移植は、臨床研究である。すなわち、治療として標準化されたものではなく、あくまでも実験的な医療ということである。このため、実施に際しては、専門家チームによる万全の医療体制が敷かれることになる。それは安心感をもたらす可能性もあるが、一方で、女性や家族のプライバシーが医療者に晒され、医療の監視下に置かれることになる。こうしたことがストレスになる可能性もある。たとえ無事に出産に至ったとしても、それまでの道のりにおけるレシピエントの負担は、自然妊娠出産の場合とは比較にならないほど大きい。

通常の妊娠出産と異なる点はま

だある。移植される子宮には神経は繋がっておらず、胎動など胎児の成長を、子宮を通した感覚として捉えることはできない。出産時も、陣痛は生じず、帝王切開となる。つまり、通常の妊娠出産とは全く異なり、産む女性が、「母性」を育むとされる契機が欠けているのである。

　さらに、移植される子宮をどのように調達するか、というドナーの問題もある。将来、死体ドナーや再生医療が利用可能になれば、ドナーの問題は解消に向かうが、ドナーのリクルートは、移植医療に共通する倫理的ジレンマをもたらす。これまで、子宮移植による出産成功例は、生体ドナーからのものである。死体（脳死・心臓死）から摘出した子宮移植は、トルコや米国で行われているが、成功していない。つまり、現状では、子宮移植を行うためには、生体ドナーが有力なリソースになっている。

　現状では、レシピエントの母親が最も有力なドナー候補と目されている。子宮は「子を産むための臓器」であると位置づけられ、生命維持に不可欠のものではなく、「産み終えて不要となった」ことが摘出に対する正当化理由となっている。しかし、こうした認識が、子宮移植をめぐる社会的議論や介入する医療者においてバイアスとなってはならない。子宮移植を進めるうえで、親族とりわけ母親へのプレッシャーが増大することが懸念される。母親の犠牲が当然視されてはならない。

　生体ドナーの子宮は健康に機能しているものであり、病気ではない臓器を摘出することになる。子宮の摘出手術自体は、臨床場面において数多く行われている手術の一つである。しかし、子宮移植を前提とした摘出は、通常の摘出手術とは異なり、移植に適した状態の臓器を手に入れるために広範囲に切除する必要があり、ドナーの負担は大きいといわざるを得ない。

　一般に、医療の発展や技術革新は人々に新しい選択肢を与え、それは好ましいことだと歓迎される。子宮移植に限らず、日々、新しい技術の開発競争が行われ、技術を提供する側の主導で開発がなされがちである。その結果、当事者のニーズとは懸け離れたものとなる恐れもある。リスクを負うのは、被験者となる人々である。こうした点を考慮し、ドナーとレシピエントが真に納得し自己決定を行うことができるよう、必要な情報提供を行うことが必要である。まずは、子宮移植の選択を決意する前に、子宮移植以外の選択肢が検討されるべきである。最も優先的に行われるべきことは、ありのままの身体を受け入れ、自尊心をもって生きていけるよう女性や家族を支援することであると考える。

日比野由利／金沢大学大学院医薬保健学総合研究科

文科省の動きをストップ！「男女共同参画」が課名として存続

２０１７年８月、文科省の次年度概算要求ホームページに文科省の再編組織図が掲載された。大規模な再編が示され、生涯学習政策局、社会教育課、男女共同参画学習課などはなくなり、総合教育政策局、共生社会学習推進課などが示されている。「人生１００年時代」、学校教育と社会教育のこれまでの縦割りを克服するための再編と主旨が述べられている。日本のジェンダー平等が進まないなか、これはおかしいと、「男女共同参画課」の存続を求める活動を急遽展開した。３か月後、12月22日には閣議決定で男女共同参画は課名に残り、「男女共同参画・共生社会学習推進課」が改めて文科省ホームページに掲載された。活動は一つの成果を生み出すことができた。

当初、男女共同参画にかかわる団体等に文科省の再編を連絡すると、ほとんどは「知らない」という状況であった。市民が知らない間に行政組織の再編が決められては困ると、社会教育関係者、女性センター、国際婦人年連絡会などの８人が中心となり、動き始めた。男女共同参画学習課を質問のため訪問した後、むしろ男女共同参画の強化を求める「要望書」を11月１日に林芳正文科大臣に提出した。ちょうどこの時期、世界経済フォーラムからジェンダーギャップ指数が発表され、日本は１４４か国中１１４位と下げ止まらない実態が注目を集めた。

その後、議員へのロビー活動から、11月17日には院内集会を開催（写真）し、市民、議員、文科省職員との活発な議論が展開。その様子は翌日の東京新聞に「男女共同参画格下げ　なぜ？」の見出しで一面の記事掲載となった。それにより関心が広がった。その後、女性議員が国会質問で取り上げ、さらなる展開を生み出した。地域の女性団体である全国地域婦人団体連絡協議会とも連携をし、文科大臣に要望書を直接提出することが実現するに至った。

院内集会：市民、議員、文科省職員が参加し議論

この３か月の活動では、多くの場で活躍する女性たちの支援を得たことが大きな力となっている。また、１９７０年以降の女性運動のグループ、ＳＤＧｓにつながる国連の動きと関わるグループ、さらにネットワークやメーリングリストで活動が拡大し、３００人以上の賛同者を得た。これまでの女性運動の土台があってこその成果であることは明らかである。今回は文科省の課名変更のことからスタートしたが、男女共同参画は一省庁に留まらない、より広い視点からの推進・強化こそが必要ということを共通認識としてもつことができた。

今回得た成果を、自治体の女性行政を後退させず、推進させることにつなげたい。現在、自治体では市民に知らされないまま男女共同参画政策が後退している場合がある。行政の動きをチェックするのは市民であり、その代表である議員である。ジェンダー平等の視点をもつ市民や議員が地域の、国の行政をチェックすると同時に、男女共同参画社会づくりにつながる新たなルールづくりをすることで、今後の男女共同参画社会の実現につなげよう。

亀田温子／日本女性学習財団理事

海外 女性NEWS

トランプ米大統領によるエルサレム首都承認問題とはなにか

2017年12月6日、ドナルド・トランプ米大統領は、エルサレムをイスラエルの首都に承認すると公式に発言した。

1995年、アメリカの立法府は「エルサレム大使館法」を制定している。これは、テルアビブにある大使館をエルサレムに移設するための法律であるが、これまでの大統領は、この法律の履行を拒否してきた。アメリカだけでなく、世界中の多くの在イスラエル大使館は、ほとんどがテルアビブにある。なぜなら、エルサレムはイスラエルによる不法な占領下にあるからだ。

1948年から1949年の第1次中東戦争で、イスラエルは西エルサレムを占領した。そして、1967年の第3次中東戦争で、東エルサレムを含む、ヨルダン川西岸地区とガザをも占領下に置いたのだ。このような背景から国際社会はこれまで被占領地であるエルサレムを首都とすることは国際法上の秩序に反するとして認めてこなかった。

しかし今回、トランプ氏は、エルサレムをイスラエルの首都として承認したうえで、大使館をエルサレムに移動させると発言したのだ。彼は「20年以上にわたり、（米大統領はエルサレム大使館法の）履行を拒否してきたが、イスラエルとパレスチナ人との間で持続的な和平合意が締結されるには程遠い状況しかもたらさなかった」とし、「正式にエルサレムをイスラエルの首都として承認するときがきたと判断した」と述べた。また、「このような措置が米国の最善の利益およびイスラエルとパレスチナ人の間の和平の追求につながるものと判断する。またこれは、先延ばしにされてきた和平プロセスを前進させ、持続的な和平合意に向けて動き出すためのステップになると考えられる」とも発言している。「和平の追求」という言葉は聞こえが良いが、パレスチナがバラバラにされている現在の占領状態では「二国家解決」ですら困難であり、和平の追求はありえないだろう。彼は「エルサレムは偉大な3つの宗教のよりどころであるだけでなく、現代では世界で最も成功している民主国家（民主主義）の核心にもなっている」とも述べている。イスラエルは、ユダヤ人にとっては非常に民主的で素敵な国と言えるだろう。しかしその背景には、パレスチナ人を追放あるいは虐殺し、その土地を奪ってつくられた植民地国家であるという歴史がある。

そもそも、イスラエルの同盟国であるアメリカが、占領者と被占領者という明らかに非対称な関係のあいだに入って和平交渉をするということ自体が問題だ。アメリカは、これからも「二国家解決」のために関与していくとしているが、それはイスラエルによるパレスチナ占領が継続されることを意味する。

トランプ発言の背景

こうしたトランプ発言の背景には、アラブ世界だけではなく、イランを含む中東の政治力学と、トランプ氏自身のイスラームに対する偏見がある。

現在のシリア情勢をめぐっては、スンナ派のサウジアラビアとシーア派のイランの対立関係のなかで、サウジアラビアを中心とするアラブ諸国がイスラエルに対するけん制をかけることができないような状況がある。これまで、サウジアラビア等のアラブの諸国は、イスラエルに対する一定のけん制をかける力になっていた。しかし現在、イランというペルシャの巨大国は、日本も含めて経済交流が再開し、政権を倒されることもなく、完全に国際社会のなかで「一人勝ち」している。トランプ氏の今回の発言は、こうした中東情勢と、シオニストたちが登用されているトランプ政権とが複合的に結びついた結果だ。

　パレスチナは、１９４７年に国連総会で採択されたパレスチナ分割決議１８１号によって、アラブ人国家、ユダヤ人国家、国際管理地区の３つに分割された。エルサレムは、どこの国にも属さないとされた国際管理地区に入れられている。しかし、この分割決議後、シオニストたちは、ユダヤ人国家やアラブ人国家に割り当てられたところも含めて、軍事作戦によりパレスチナ人を追放していく。

　１９４８年、パレスチナからイギリスが撤退すると同時にイスラエルが独立宣言をして、イスラエルという国家が誕生する。その後、イスラエルを国家として認めない周辺のアラブ諸国とのあいだで第1次中東戦争がはじまり、その結果、イスラエルがパレスチナの77%を制圧した。これにより、西エルサレムがイスラエルの占領下におかれるが、東エルサレムはヨルダンに併合される。

　しかし、１９６７年にはじまった第3次中東戦争で、イスラエルは東エルサレムを含むヨルダン川西岸地区、ガザ地区、エジプトのシナイ半島、シリアのゴラン高原までも占領下においた。現在、シナイ半島はすでに返還されているが、それ以外の地域はいまだ占領下にある。第3次中東戦争によって東エルサレムを占領したイスラエル政府は、すでに占領している西エルサレムとの併合を決定した。１９６７年6月28日には東エルサレムにイスラエル法と行政命令を適用することで、国際法違反である東西エルサレムの統一宣言をする。イスラエルは決して「併合」という言葉を使わず、あくまで「統一」であることを主張している。

　併合後、東エルサレム周辺のパレスチナ人の土地を収奪することで、東エルサレムの領域は大幅に拡大した。そして、１９６８年以降、イスラエルは国際法違反である入植地の建設を開始する。１９８０年7月30日には、エルサレム基本法を制定し、統一エルサレムがイスラエルの首都であることが法的に規定された。

　エルサレムの併合とイスラエルによる占領は、国連の安全保障理事会や総会等で批判を受けてきた。しかし、イスラエル側は決議の受け入れを拒否し続けている。

オスロ合意による占領強化

　パレスチナのこうした状況は、オスロ合意によってつくられた。イスラエルのイツハク・ラビン首相が、ビル・クリントン米大統領の前で、パレスチナのヤーセル・アラファート大統領（いずれも当時）と握手をする場面がメディアで流れたことで、オスロ合意は和平合意のように思われたが、実際はイスラエルによるパレスチナの占領を強化し、植民地支配を継続させるための国際的な合意でしかなかった。

　オスロ合意によって、ヨルダン川西岸地区もガザもどちらも自治区になったと言われることがあるが、自治区になったのは一部の地域にすぎなかった。現在では、ガザの中は全面的に自治区となり、西岸は一部の地域のみ自治区になっている。

　オスロ合意は、「occupation（占領）」という言葉を使わないことで、「占領」を問題化しないという問題を生んだ。イスラエルの占領を既成事実化したことが、今日におけるトランプ大統領の発言につながっている。

　国際社会が和平を求めるには、オスロ合意を反省し、取りやめにすることで、新たな合意をつくることだ。オスロ合意に挑戦しないかぎり、今のパレスチナ人が置かれている状況は変わらない。

イスラエルのアパルトヘイト政策

イスラエルは、日本が朝鮮半島を分断して支配したように、ヨルダン川西岸地区、ガザ、東エルサレムそれぞれの地域を分断し隔離することによって、最も効率の良い方法で統治している。オスロ合意上、A地区はパレスチナ自治政府が行政権と治安権、B地区はパレスチナ自治政府が行政権でイスラエルが治安権、C地区はイスラエルが行政権と治安権の双方を持つ。C地区には、パレスチナ自治政府の権限は一切及ばない。しかし、パレスチナ人は住んでいる。C地区に住んでいるパレスチナ人は無権利状態におかれているのだ。

地区内を移動する際にはたびたび検問所を通る必要がある。隔離壁やイスラエル人専用の道路があるなど全体が細かく分断されているのだ。ガザはフェンスにより完全に包囲されているため、住民はガザの外に出ることができず、物資を搬入することも困難であり、包囲された上から爆撃を受けるという「窒息作戦」がとられている。

東エルサレムは、その地域のユダヤ人口の優位化をすすめるために、入植地をつくり、パレスチナ人を家屋から追い出すことによってユダヤ人化をすすめていく。そのため、1967年以降、東エルサレムには多くのユダヤ人が住んでいる。東エルサレムに住むパレスチナ人は、ヨルダン川西岸地区やガザ地区とは異なるイスラエル内務省発給の身分証明書を持ち、社会的地位も異なる。

イスラエルは水も支配している。C地区が多いヨルダン渓谷は、もともと水が豊かなところだが完全に支配されているため、とくに厳しい状況だ。ヨルダン渓谷に住むパレスチナ人は毎日、家族1日分の水を探しに行くような生活をしている。大学は壁の外に置かれており、学生は毎日、大変な思いをしているだろう。そして壁があるところには必ず監視塔がある。

ガザは住民の70％が1948年のイスラエル建国の過程で、故郷を追放された難民だ。まさに難民の収容所となっている。まるで巨大な難民キャンプだ。人口密度がきわめて高い。そして、住民の80％が貧困以下の生活をしている。国際機関等、海外からの援助に頼らないと生活が成り立たない。全体の46％、とくに20歳から25歳の若者は67％以上が失業している。

イスラエルは時々、国際機関の援助搬送を許すが、これには2つ理由がある。本来は占領国が占領下においている住民に対してサービスを提供しなければならないが、それはしたくない。それを肩代わりするのが国際援助となっているからだ。さらに、入ってきた国際援助は、イスラエルの市場で援助物資を購入するため、イスラエルにお金が入ることになる。イスラエルは自分たちの最善の利益になることについては認めるという「占領ビジネス」をやっているのだ。

国際社会が支える不正義

イスラエルの占領政策で完全に分断化されているなかでパレスチナ人は生きている。では、我々はどうすればいいのか。

２０１７年12月15日、「パレスチナの平和を考える会」を中心とした、パレスチナ支援や武器輸出反対の活動に取り組んでいる日本の団体等が手を結んで、トランプ大統領によるエルサレム首都承認問題に対する声明を発表した。声明の後半には日本政府が取るべき行動として「日本政府は、トランプ大統領に対して、エルサレムの首都認定をただちに撤回するよう要求する」と書かれている。

信じられないことだが、ガザで大虐殺が起きているときに、日本の経産省や企業の役人たちはエルサレムに集まって、武器の開発を含む武器の会議をやっていた。日本は隣で虐殺が起きているときに平気でこのようなことができる国なのだ。

これまで日本政府は、東エルサレムを含むパレスチナ領内のイスラエル入植地で生産された製品の輸入を禁止してきたが、２０１７年10月発行の「日・イスラエル投資協定」では、ワインなどの入植地関連ビジネスが日本の市場に入ってくることになった。日本とイスラエルはとくに武器輸出など経済的な協力をしているため、今後の動きを注意深く見ていく必要がある。

私は、占領の忘却、占領に対する沈黙は、次なる不正義を生むと思っている。私たちの沈黙や無意識は、パレスチナに限らず、いろんな人権侵害を生むだろう。それをどうするのか。

パレスチナ人として被占領地に住むということがどういうことなのか。個人が、どういう人生を歩みたいか、いま何をしたいのかといった意思とは無関係に、イスラエルの占領政策に日常生活のすべてが規定される。支配者によって、まさに個人の人格が、個人の尊厳が否定されることが占領下に住むということだ。ヨルダン川西岸地区やガザ、あるいは今イスラエルとなっている地というのは、パレスチナ人にとっての故郷。その故郷がボロボロに分断されていく。それを国際社会が支えてきたのだ。

問われているのは誰なのか

今後、トランプ米大統領によるエルサレムの首都承認をきっかけに、エルサレム占領は恒久化していくだろう。現段階において、二国家解決は無理だということが現実なのだ。その現実とは、パレスチナに対する過酷な、そして不可視化された分断統治である占領のことだ。

このようなパレスチナの状況を見たときに、私は「問われてきたのは誰なのか」と言いたい。私を含む日本の人々、そして国際社会が激しく問われ続けてきたのだ。しかし、それに対して私たちは沈黙してきたということではないだろうか。

今、私たちができることは、占領への加担をやめることだ。武器輸出ビジネス、イスラエルと日本の武器共同開発、そして、その根底にある軍事研究、そして増え続ける防衛費の問題を真剣に考えなければならない。入植地でつくられるようなものを消費者として買わないこともできる。そして、パレスチナ人の経済活動を支援することも非常に重要なことだ。かつて南アフリカの反アパルトヘイト運動としてのボイコット運動が世界で展開されたときに、南アフリカ産のものをボイコットするだけではなく、それに代わるオルタナティブなことを必ず提供することによって運動を盛り立てていた。それと同じことをパレスチナについてもやるといいと思う。

エルサレムの街は、シオニスト国家であり植民地国家であるイスラエルの植民地的な野望のために存在するわけではない。本来は、すべてのものの共存を可能ならしめる街であった。そんな街を、植民地主義的な視点でイスラエルが併合し、それをアメリカが認めているのだ。

日本国憲法の前文では「全世界の国民が、ひとしく恐怖と欠乏から免れ、平和のうちに生存する権利を有することを確認する」と謳われている。つまり私たちは、平和的生存権を確認することを明確に謳う憲法のもとに生きているということだ。私たちが日本国憲法に立つならば、沈黙をしてはいけない問題が多数あり、トランプ大統領のエルサレム首都承認問題もその一つであることを知ってもらいたい。

清末愛砂／室蘭工業大学大学院工学研究科
ひと文化系領域准教授

※本記事は北海道パレスチナ医療奉仕団主催の２０１８年１月13日開催された「緊急講演　エルサレム首都承認問題とはなにか」の講演内容を編集し載録したものです。

韓国：映画業界と性暴力告発運動

12月14日に行われた記者会見の様子
（韓国女性民友会ツイッターより）

２０１７年12月14日、映画の撮影現場で性暴力被害を受けたとする元俳優の女性が、韓国のソウルで記者会見を行った。

事件が社会に知られたのは、２０１７年８月だった。映画監督キム・ギドクから被害を受けたとする女性が検察に申し立てたニュースが、韓国で話題となった。『東亜日報』（２０１７年８月３日）で報じられた女性（Aさん）の主張によると、２０１３年、映画『メビウス』（２０１３年公開）の撮影現場で、「感情移入が必要だ」として、女性はキム・ギドクから頬を叩かれたという。さらにAさんは、当初台本になかった性行為シーンの撮影を強要されたと訴えている。

Aさんは、その後、出演を取りやめ、弁護士に相談をしたが、裁判を起こすのは簡単ではなかった。キム・ギドクは国際映画祭での受賞歴を持ち、Aさんが主演を務めるはずであった映画は、違う女優に差し替えたのち、ベネチア国際映画祭で上映された。彼女が告訴するのに４年以上の歳月がかかった背景は想像に難くない。

結局、Aさんは俳優をやめることになったが、事件について沈黙し続けることは選ばなかった。２０１７年、Aさんは「全国映画産業労働者組合」を訪れたのち、検察に申し立てた。「聯合ニュース」（注）によると、検察側は、Aさんを暴行した事実は認め、キム・ギドクに罰金５００万ウォンの略式起訴はしたものの、性行為シーンを強要したという内容に対しては「嫌疑なし」という処分を下した。これを不服としたAさんとその支援者は、２０１７年12月14日、再捜査を求める記者会見を開いたのだ。会見で、女性が衝立越しに発言を行ったことは、彼女が受け続けている二次被害の恐ろしさを、如実に表している。

実は、韓国の映画業界における女優の性暴力告発は、これが初めてではない。映画撮影中、合意していないにもかかわらず、男性俳優のチョ・ドクジェに下着を破かれ、身体を触られたなどとして、２０１５年５月、俳優の女性が警察に被害を訴え、その後の裁判が話題となった。２０１７年10月の控訴審では、一審の無罪判決が覆され、有罪判決が下されている。

#MeToo ムーブメントにも似た韓国でのこうした動きを見るとき、２０１６年10月にツイッターを機に盛り上がった女性たちの告発運動を無視することはできないだろう。当時、韓国のSNS上では「#○○内の性暴力」というハッシュタグを用いた性暴力被害告発の動きが盛り上がっていた。その中で生まれた「#映画界内の性暴力」というハッシュタグは、映画撮影現場などで受けた性暴力を告発しはじめた女性たちの声とともに、大きなうねりとなった。その年の韓国独立映画祭では関連するシンポジウムが開催されるなど、映画業界にも影響をもたらした。世界的な#MeToo ムーブメントが起きる前に、韓国では独自の性暴力告発運動の流れが生まれていたのである。

Aさんは会見で「私は４年ぶりに現れて、告訴したのではない。告訴するのに４年もかかった事件なのだ」と述べた。彼女の長い闘いが、映画業界に今後どのような影響を及ぼしていくのだろうか。注目していきたい。

鈴木南津子／和光大学現代人間学部４年

注　キム・ゲヨン「김기덕 감독에 폭행당한 여배우 ″검찰 무혐의 처분에 항고″（キム・ギドク監督に暴力を受けた女優″検察の無嫌疑処分に抗告″）」『聯合ニュース』２０１７年12月14日 http://www.yonhapnews.co.kr/bulletin/2017/12/14/0200000000AKR20171214125700005.HTML

フェミの本棚

オモニがうたう竹田の子守唄——在日朝鮮人女性の学びとポスト植民地問題

山根実紀 著　インパクト出版会
2017年12月　3000円＋税

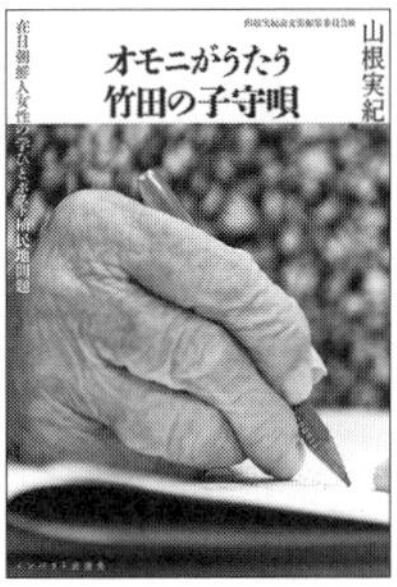

研究者であり活動家であった著者の生前の論集。彼女の活動は、学生時代のフェアトレード研究から始まり、日朝友好、朝鮮学校支援や日本軍「慰安婦」問題やパレスチナ、沖縄など多岐にわたる。本書では、著者が在日朝鮮人女性から聞き取りを行い、識字教育や夜間中学での教育を通して、複合差別についての論考を行った2007年以降の論文を集めている。

植民地支配とそれに続くさまざまな困難により教育の機会を得られなかった在日朝鮮人女性たちが、「日本語」を習い覚えるとはどういうことか。夜間中学では、女性たちが文字を覚え、一見、主体性を獲得するように見える。しかし学校には常に教師と生徒という抑圧の構造がある。また日本語を教えるということが「同化教育」となる懸念もある。この点に気づきつつも変容が難しい夜間中学と、生活の場から生まれた民間の識字教室との比較は興味深い。

対象者に寄り添い、奥深くから発せられる言葉に耳を傾け、なお語られない言葉から、向き合うべき問題について聞き取ろうとする、著者の真摯な姿勢に心を打たれる。

加害と被害、支配と被支配、差別と被差別、植民地主義から現在に続く構造的暴力の中での分断を、私たちはどう乗り越えていけるのか。さまざまな気づきを与えてくれる貴重な遺稿である。

（梅山美智子）

「子どもの貧困」を問いなおす　家族・ジェンダーの視点から

松本伊智朗 編
法律文化社　2017年10月
3300円＋税

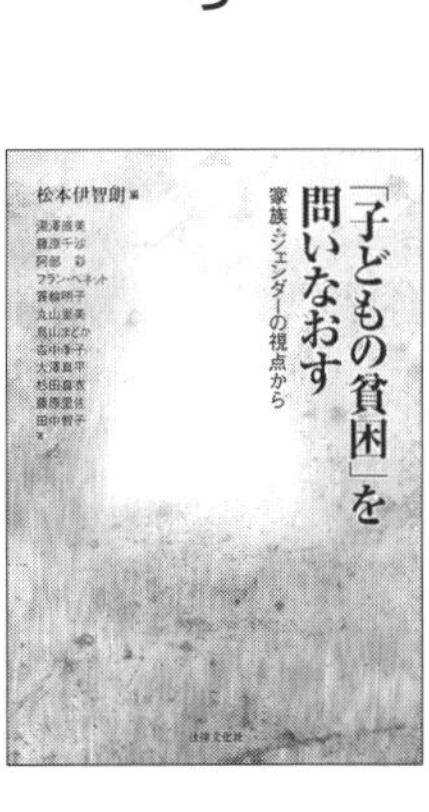

「子どもの貧困」という言葉が、あちこちで聞かれるようになった。2013年には「子どもの貧困対策の推進に関する法律」ができ、翌年には「子どもの貧困に関する大綱」もできた。さまざまな団体が子どもの貧困をなくすための活動に積極的に取り組み、今では「子ども食堂」が大流行。子どもたちに無償で勉強を教える「学習支援」も活発だ。

私自身、シングルマザーとその子どもの活動に30年間かかわり、子どもの貧困についての発言も続けてきた。だが、今のこの流れには違和感がある。まるで教育さえちゃんとやれば、子どもは貧困にならないかのよう。まるできちんと食事をつくれない（母）親は、ダメな親みたい。お金をかけた教育を受けさせることのできない親や、安全な手づくりの食事をつくってやれない親は、自己責任を内在化し、ますます疲弊していく。

阿部彩さん、藤原千沙さんなど、子どもの貧困最前線からの真摯な提言は、子どもの貧困対策に欠けていたジェンダーの視点に焦点を当て、社会の仕組みそのものを問いなおす必要を説く。子どものことを一生懸命に考えるおとなたちは、善意からだが家族規範に加担してしまいがちだ。湯澤直美さんが書くように『「頑張る母親規範」が称揚され、子ども支援が母性主義を強めるベクトルになりかねない』ことを肝に銘じる必要があるだろう。

（大森順子）

「慰安婦」問題と未来への責任
――日韓「合意」に抗して

中野敏男・板垣竜太・金昌禄・岡本有佳・金富子 編　大月書店　2017年12月
2400円＋税

2015年12月28日、日韓政府は「慰安婦」問題を「最終的かつ不可逆的に解決された」と確認する「合意」を発表した。しかし、2017年5月に就任した韓国の文《ムン》在寅《ジェイン》大統領は、この日韓合意では「慰安婦」問題は解決できないとの認識を表明している。

本書では、日本の「加害」をさらに無化する「合意」の内容・背景を検証し、戦時性暴力を断ち切るために、未来に向けて果たすべき責任が考察されている。

「慰安婦」問題の解決を果たそうとする運動は、法的責任を回避する政府の戦略がつづけばつづくほど、さらに拡大していく。「合意」後の会見で「あの世に逝かれたハルモニたちに面目がない」と語った李容洙《イヨンス》さんのように、生存している被害者だけでなく、亡くなった被害者の存在をも位置づけた解決のために、これまでのたたかいを引き継いでいかなくてはならない。そしてそれは、歴史を偽造するファシズム政権とのたたかいとなってきていることに気づかされる。

「慰安婦」問題は決して外交問題ではない。私たちは、国の政策によって「個」の人権が侵害された事実と向き合い、一人一人の女性の声に丁寧に耳を傾ける必要がある。いまを生きる私は、「個」の人権が尊重される社会を築く「未来への責任」を負っているのだということを痛感させられる。

（亀井美織）

フェミの本棚

サフラジェット
英国女性参政権運動の肖像とシルビア・パンクハースト

中村久司 著
大月書店　2017年10月
2000円＋税

20世紀初めのイギリスで、パンクハースト母娘を中心に設立された女性参政権運動組織「女性社会政治同盟（WSPU）」は、「サフラジェット」として広く知られている。映画『未来を花束にして』（2017年日本公開）で描かれたことも記憶に新しいWSPUは、爆薬を使った過激な破壊活動や、組織のアイコニックな存在エメリン・パンクハーストの姿が印象的である一方、本書は、平和的手段による運動の展開や、一般大衆動員のための革新的な試みを紹介し、WSPUのより多様な側面が描かれている。官憲による暴行や拷問に屈することなく、まさに命をかけて立ち向かう女性たちの姿は、権力に対して戦闘的でいることの重要性を教えてくれる。

また本書は、エメリンの次女シルビアによる広範な社会改革活動についても多くが紹介されている。シルビアは、運動思想の相違によって、途中WSPUを追放されたが、その後も女性参政権運動だけでなく、労働者や貧困児童の救済、母子向け福祉など、あらゆる差別の解消を目指した社会事業を行った。第1次大戦が勃発すると戦争支持を表明したWSPUとは対照的に、帝国主義を批判し、戦時下においても市民救済や参政権運動を続行、反戦運動に取り組んだことも印象的だ。サフラジェットから百年、改めて彼女たちから学ぶことは多くある。

（細島汐華）

アンコールから のんびり便り 30

中川香須美

学生へのインタビューの様子

2017年末から、カンボジアの公立学校で実施されている性教育の事業の評価を行っています。

カンボジアの文科省は、数年前に学校教育の補足的なカリキュラムとして性教育を導入しました。小学4～5年用、中学1～2年用、高校1～2年用の3種類のテキストが開発され、それぞれの学年で各1時間、合計11時間のセッションを実施することが各学校に義務付けられています。ところが、人員・予算不足から、全部の学校での導入には至っておらず、国連や民間団体の支援が入っている学校や地域のみで教えられています。

私が担当した評価では、2014年から3年にわたって民間団体がある県の全学校を対象としてパイロット事業を実施してみたところ、さまざまな事情によって高校レベルでの実施が極めて困難であることが発見されました。そこで、2017年に高校だけを対象として性教育のために教員への教授法などの研修を展開し、私はその成果や課題を分析する仕事を民間団体から依頼されたのです。

性教育の内容は、基本的人権からジェンダー、自己決定権や友好的人間関係の築き方から始まって、受精の仕組みや避妊法、家族計画、女性に対する暴力（主として性暴力）など幅広い分野が含まれます。教員たちへのインタビューからわかったのは、避妊法のセッションは重要なのに、十分な教材がないために教えにくいことや、教員自身の理解が浅いために学生から質問が出た場合にちゃんと答えられないという課題でした。教科書も教員用のものしかなく、学生用の参考書や配布資料などは十分に揃っていません。ポスターや映像などの補助教材もなく、教員は自分の教科書を使いながら手探りで授業しています。また、保健や性教育担当の教員がいないため、科学や数学の教員が特別に研修を受けて性教育を教えている状況も問題です。教員は、ボランティア的な業務として「押し付けられた」という印象を持ってしまいます。

学生たちは、性教育について関心を持っています。しかし、高校生になって突然、性について勉強させられることには羞恥心を感じるようです。それでも積み重ねは重要だと思います。たとえば、すでに4年ほど性教育を受けてきた学生たちは、学生たちの間でオープンに性について話すことができるのに対して、性教育が始まったばかりの学校では、学生たちが話題にすることをとても恥ずかしがっていました。

カンボジアでは、10代の中絶率が高まってきているという産婦人科ベースでの統計があり、学生たちに性について学んでもらうことは極めて重要です。現在、幼稚園から性教育を導入しようという議論もありますし、補足的な科目となっている性教育を正規の科目である保健教育のなかに組み込む準備も進められています。正規科目となれば、国家試験の対象となるので大きな前進です。性教育に関しては日本より取り組みが進んでいるカンボジアの今後の展開が楽しみです。

フェミ×アート

『クラウドナイン』がいま日本で上演されること

高橋宏幸

フェミニズム演劇を代表するキャリル・チャーチル。その代表作は、日本でも1980年代にしばしば上演された。戯曲も2冊、翻訳出版されている。1つは、会社で昇進を果たしたトップガールとされる女性のパーティーに、時代や空間を超えて歴史に名を刻む女性たちが一堂に会して語りあう『トップガールズ』。そして、今回久方ぶりに上演された『クラウドナイン』だ。（2017年12月、東京芸術劇場シアターイースト、大阪・OBP円形ホール）

1970年代後半から1980年代の日本において、フェミニズム演劇がどこまで醸成されていたかは、議論の余地はあるだろう。だが、当時の小劇場ブームのなかで女性たちの目立った活躍があったことは事実だ。たとえマス・メディアがこぞって持ち上げたブームと言われても、そこにはいまに続く核心的な活動の出立があった。如月小春、渡辺えり子（現：渡辺えり）、木野花など、たくさんいる。振り返ってみれば、欧米のフェミニズム演劇のムーヴメントのなかで日本の演劇も影響されていた。

今回は、80年代にもこの作品を手がけたことがある木野花の演出によって上演された。フェミニズム演劇として、大枠では社会における女性たちの位置を問題にしているといっても、キャリル・チャーチルが注目されるのは、女性をテーマに扱っただけの演劇というだけでなく、戯曲の描く方法にもある。『クラウドナイン』も、単線的なストーリーで作られるリアリズム演劇ではないからだ。

二幕構成になっているが、第一幕の舞台はヴィクトリア朝の大英帝国が植民地支配するアフリカのある地域。強き大英帝国の歴史と威信が統治者のマチズモとなって背景にあるなかで、その家族たちが描かれる。強い家長、貞淑な妻、強き男になるべく育てられる子ども、支配された部族で従順さを求められる召使いなど、かつての家父長的な理想の家族像が冒頭で掲げられる。しかし、物語が展開していくと内実はまったく変わる。不倫やゲイ、レズビアンなど、いくつものセクシュアリティとその裏返しにされる関係がある。その家長の妻は男性が演じ、その息子は女性が演じるように戯曲に指定がなされていることも、その規範的関係に揺さぶりをかけるためだろう。

第二幕は時代が一挙に変わり、戯曲が書かれた1979年ごろの現代のロンドンが舞台になる。登場人物たちは25年の時間を経ている。一幕と二幕の時代から見ると、25年の歳月で現在へと移動することは矛盾だ。しかし、それこそがこの戯曲が、現在の社会における家族の位相、とくに女性のおかれた位置とセクシュアリティに対しての問題を示す。

彼らの家族関係を現在の社会に当てはめたとき、どのようになるのか。時代や場所が変わるだけでなく、今回の舞台の演出でも、その色彩とでも言うべきものも一挙にかわる。一幕のアフリカで華やかに恋愛関係をはじめ、さまざまな事件が起こっていくことに対して、二幕はむしろ、落ち着いた現実的な空間だ。上手くいかないゲイカップル、夫が不倫をしている夫婦、母子家庭の苦労といったなかで、男性にとっての理想の妻であることを求められていた老いた母が、自分の性の欲望に対して一歩踏み込もうとする。

フィクションであると言っても、実際に起こる問題がそこにはある。だから、ゲイたちのハッテン場や、ベッドの上での夫婦の関係性など、ときにリアリティのある具体的なシーンが描かれる。女性やセクシュアリティの問題を扱っていても、第一幕の本国から離れた植民地支配者の自由奔放な空間とは違う。

もちろん、それは今回の演出にも関係する。キャリル・チャーチルといえば、確かにフェミニズム演劇と結びつくが、今回は大上段に振りかぶってフェミニズムやセクシュアリティを提示するものとは違ったのではないか。結びつくイメージをそのままに見せるのではなく、むしろ１９８０年代とおよそ30年以上の距離ができた今だからこそ、落ち着いてその作品で描かれる世界観が眺められるようだった。だから、かつて起こったような女性たちからの社会への告発や、口籠もっていたことを痛快に言えたということとは違うかもしれない。

それは、ゲイカップルもレズビアンも母子家庭も、女性たちがそれぞれの性について声をあげて論じることも、もちろん問題はいまだ根深くあるとしても、それ自体はあることとして徐々に認識されるようになったからかも知れない。だから、比較的淡々と演出をしているようにも映った。二幕でも母子家庭の子どもを男性が演じるが、それも前面に押し出す演出とは違った。

実際、今回の作品は人気劇団である大人計画などの制作会社が作品制作をしている。１９８０年代ならばブームに乗って行われたかもしれないが、いわゆる小劇場という括りでもなければ、公共劇場でもない。もはや規模として見たら、コマーシャルだろう。実際、俳優陣も有名人がならぶ。しかし、そのような場所でこの作品が上演されるのは、現在においてのフェミニズムやセクシュアリティの浸透度の指標ともなるのではないか。単に面白い演劇として口当たりのよい作品ではないからだ。

日本においてはフェミニズム演劇というカテゴリーがあったとは言えないかもしれないが、長く女性たちが演劇の現場を牽引した活動があったからこそ、いまでもその作品は上演ができたのではないか。それは、ひとつの帰結だろう。

たかはし・ひろゆき（演劇評論家）

撮影：引地信彦

アジアをつなぐアクティビズム
戦時性暴力被害者支援のいま　第2回

正義は生き続ける――慰安婦人権運動

林思妤（台湾・婦女救援基金會 Taipei Women's Rescue Foundation）

「慰安婦」問題を知る

日本軍の侵略地域の慰安所には「慰安婦」にされた各国の女性たちの苦痛の声が響き渡った。忘れがたい記憶は、彼女たちの心身を深刻に損ない、戦争が過去のものになっても、彼女たちの中では戦争は過ぎ去っていない。現在は「ジェンダー平等」が社会の進歩の礎だと見なされるようになった。しかし実際は女性たちの〝声〟はどんどん聞こえづらくなっている。特に戦争のサバイバーたちの姿は、依然としてはっきりせず、歴史の中で忘れ去られようとしているも同然であり、時間の荒波の中で沈黙し、簡単に傷を語れない。

私が初めて「慰安婦」を知ったのは、偶然ある新聞の社説を読んだ中学生の時だった。慰安婦制度の暴虐と慰安婦サバイバーの苦難の記憶について、14歳だった私の目には動揺のあまり涙が溢れた。これほどの地獄が、私の生きている世界であったとは信じられなかった。当時の台湾の歴史教科書では、「日本は第2次世界大戦時、女性たちを強制徴用して慰安婦とした」と簡単に書かれているだけだったし、先生も詳しい解説はせず、ただ軽く触れるだけだった。しかし、この社説は私に非常な衝撃を与え、「慰安婦」はその時から私の心に根づいてしまった。それから「慰安婦」問題に関心を持ち、解決を支持、表明するために何かをしたいと思っていた。後に2013年、幸運にも友人の紹介で婦女救援基金會（婦援会）の展示ボランティアを始めた頃には、「慰安婦」人権運動は社会の支持を広く集めるようになっていた。

台湾社会とサバイバーとの出会い

1992年2月、日本社会党衆議院議員の伊東秀子氏が日本防衛庁研究所図書館で、日本南方軍が台湾軍に慰安婦を提供して前線を支援せよと言った3件の電報を見つけ出し、台湾での慰安婦徴集に日本軍が介入していた事実が確認された。そこで、婦援会は『慰安婦申請ホットライン』を設立し、少しでも多くの台湾のサバイバーたちと連絡を取れることを願った。訪問調査と証拠審査の後、59人の「台湾国籍元慰安婦」が確認され、婦援会の支援対象となった。婦援会は「慰安婦」の阿嬤《アマー》（訳注：台湾の言葉で「おばあさん」の意味）たちを助け、日本に賠償を求め、心と体のワークショップを行い、寄り添い、表現してもらうことを通じて、魂の負担軽減に尽力し続けている。

私は、展示ボランティアをしている間、婦援会の仲間から学び、書籍や展示の内容からその歴史的背景について理解を深めた。実を言うと最初は「阿嬤たちは弱者で、助けを必要としている」と考えていたので、阿嬤たちに同情し、傲慢にも彼女たちの境遇を憐れんでいた。しかし、阿嬤たちの人生を深く知るにつれ、彼女たちのすごさに気づいたのだ！ この年配の女性たちは常人には想像もできないような強大ないのちの傷に、たった一人で一甲子（訳注：干支が一巡りする間、60年）もの間耐えてきたのだ。愚痴も苦しみもあったけれども、それでもたくましく生き抜くことを選んできた！ 彼女たちは、傷の痛みも世論も恐れず、勇敢にも過去の不正義に抗議し、最後の一筋の正義を取り戻そうとする生命の勇者である。

展示の内容と場所が変わる度に、さまざまな年齢・国の観客に接する機会がたくさんあり、参観後に多くの人々が意見や感想を伝えてくれる。分かり合えても合えなくても、私はお客さんたちと話し合うのが好きだ。観客の気づきが私に、さらに深く広い思考を掻き立ててくれる、とても有意義な時間である。阿嬤たちのライフストーリーをうまく伝えるコミュニケーションは、展示のとても重要な目的である。

語りづらい「慰安婦」被害

世界慰安婦メモリアルデー（8月14日）は、国際連帯の中でさまざまなイベントを行う。以前は、関心のある仲間たちと、日本台湾交流協会（訳注：正式な外交関係のない台湾と日本の実務関係を担う）前で抗議行動をした。かつて阿嬤が叫んだ言葉を、声をからして叫び、阿嬤たちが歩いた道を歩き、阿嬤の意志を受け継ぎ、あきらめることはない。だが、実際は振り返ってみると、後ろを歩いているのは全部よく知った顔ばかりで、台湾で本当に関心を持っている人たちは多くはなかった。

展示ボランティアとして活動

おもうに、台湾の歴史には特別なものがあるからではないか。私たちはかつて日本に植民地統治され、その後中国国民党政府に接収された。「慰安婦」というテーマは、年配の人たちにはぼんやりとした、曖昧な名称でしかない。教育水準、家庭の経済階層によっても、この問題への見方はさまざまだ。でも、ほとんどの人たちは「慰安婦」たちは娼妓と同じと見なし、「風俗の仕事は日陰の、人目に触れぬもの」で、公に語ることではないと思っている。台湾の大多数の市民の考え方は2大政党の対立に縛られていて、「慰安婦」問題は重視されているとはいえないのが実情だ。政治の道具にされることも少なくない。各政党の支持者がお互いに攻撃し合い、責任を擦りつけ合う光景をよくみる。たとえば、「自発か強制か」「831軍中楽園（訳注：「831」「軍中楽園」は戦後台湾軍兵士のための性サービスを目的として設立された「特約茶室」）と慰安婦」など、こうした比較論争になってしまう。大事な「慰安婦」問題の背後にある人権と暴力の問題への視線は失われ、政治的な格闘になってしまうのである。

韓国を例に海外へ目を向ければ、韓国は「民族性」が強い国で、この問題への結束力もとても強い。1992年の1月8日から今に至るまで26年以上、風雨にも負けず「慰安婦」と支持者（8割は学生）は、毎週水曜日、日本大使館前で抗議し、集会を続けているのだ。若者は学校教育の中で「慰安婦」について知り、若い世代が自発的に「慰安婦」のおばあさんたちのために声をあげなければならないことを知っている。この問題が理解できない・理解しがたい問題になることはない。韓国は博物館が設立され、心理ワークショップの作品を商品に生かす会社もあり、こうした活動が合わさってさらなる社会的関心を喚起している。各地の少女像は、年をとってこの世を去った彼女たちの代わりに日本政府を見つめ、いつか本当の誠意ある事実認識と謝罪を勝ち取ることを願っている。

慰安婦人権運動に参加して4年、特に「阿嬤の家　平和と女性の人権博物館」が開設後台湾でも、「慰安婦」問題を支持する人たちの連帯した努力、理解したいという願い、関心を持つ人の増加を実感している。阿嬤の家は一般の展示の枠組みを大きく超えて、「慰安婦」という主軸のほかに、女性の人権と反暴力の教育拠点となることを中心的な理念としている。

戦争は現在、私たちから遠いように見えるけれども、絶えることのない衝突は今も続いている。憎しみが外に向かって広がれば、戦火はあっという間に燃え盛るだろう。私は、私たちの持つ固定観念を取り払い、交流することでしかお互いの認識の違いを埋め、誤解を解くことはできないと信じている。そして教育でしか、戦争が再び起こることを防ぐことはできないとも。教育は人の思考の根本に影響するものだから、阿嬤の家は阿嬤たちのライフストーリーを通じて、多くの人にこの問題の重要性を訴えたいと願っている。

「慰安婦」は一人また一人とこの世を去っていくけれども、この、女性と平和のための人権運動は、絶対に途絶えることはない。私たちは、彼女たちの正義を求め続ける！

（翻訳：熱田敬子、編集：永山聡子）

香港便り

小出雅生

第43便　法律にジェンダーの視点を

　先日、香港の大学で唯一「法とジェンダー」を教えている法廷弁護士（Barrister）のリンダ・ウォン（黄端紅）さんにお話を聞く機会がありました。

　ウォンさんは、現職の弁護士として事案を抱えながら、非常勤講師として大学院の夜学授業を受け持って3年目になります。民主派の公民党に属し、区議会議員選挙に出たこともある人です。お子さんが一人いて、パートナーは労働組合活動から労働党（工黨）の区議会議員まで幅広く活動をしています。

　もともと彼女が弁護士を目指した理由は、意外に単純で、中学校の時に語学の成績が良かったので、先生が弁護士を勧めてくれたからだそうです。高校でも勉強を続け、第一志望だった香港大学法学部に入学します。1年生の時の授業で「法律家は正義のために戦うんだよ」と言われ、徐々に社会問題に関心が開かれていきました。

　その後、弁護士になるためにシドニー大学の法学大学院に進み、そこで「ジェンダーと法学」の授業を受け、「これが私のやりたいことだ」と確信したそうです。資格を取得した後、香港に戻り、法廷弁護士に任官されます。それからは、仕事を通じて、ジェンダーの視点から、女性の声が法律に反映されるように活動してきました。彼女は、法律の内容を調査し、政府に提言を行うことを目的とした「法リフォーム委員会」が公聴会を開く時には、女性団体が意見を出すためのアドバイスもしています。

　香港では裁判の証言は、法廷内で行わなければなりません。そのため裁判は、代理人による裁判官や陪審員への「印象づくり」に力を入れたものになりがちです。質問に対して、言い淀んだり、あいまいな答えをすると、証人の信頼度が低いといった印象を付けられるため、証人には過酷なものになる場合があります。最近では知的障碍者支援ホームの所長が女性入居者に性暴力をふるっていた事件で、被害者がトラウマのため法廷での証言が困難だったため、検察側が裁判を取り下げざるを得なかったことがありました。

　この10年、「普通選挙要求」「雨傘運動」「民選議員の資格はく奪」など大きな政治課題に注目が集まる中、ジェンダーに関わる問題の優先順位が政府内で明らかに下がっています。２０１２年には法リフォーム委員会から政府に対し、出張尋問の実施などを提言してきたそうですが、政府は動いていません。

　それでも、ウォンさんは楽観的です。最近の香港では、法学部に進み弁護士を目差す女性が増え続け、現在では過半数を占めています。彼女は、これまではキャリアを積んで弁護士会の幹部や、さらに裁判官になる人は男性が中心でしたが、このまま弁護士として活躍する女性が増えていけば、法曹界全体が変わっていかざるを得なくなると、ウォンさんは確信をもっています。自分の後に続いてくれる女性たちのためにもジェンダー視点の「種」を蒔き続けたいと力強く話してくれました。

　現在、彼女の「法とジェンダー」のクラスは、ジェンダースタディーズの講座として開講されていますが、いずれは法学部の講座として開講されるべきだと彼女は結びました。

法廷弁護士の正装をしたリンダ・ウォンさん

まちや通信

Machiya Japanese Class News

●クリスマスパーティ2017

韓国とフランスの握手。

久しぶりに区民事務所の会議室。パーティには狭いのだが、ここは、日曜日は職員さんがいないので、勝手に持ち込み飲食させてもらっている（内緒）。

パーティで一番うれしいことは、昔の生徒さんが集まってくれること。なつかしいし、教室を覚えていてくれることがうれしい。いろいろな国の人が来てくれるのがいい。

自慢の手料理ならぬ、町屋駅前のたこ焼き。14〜15パック並んだ。

毎度のゲームで盛り上がり、賞品をゲットしてニコニコ、また、来年のクリスマスパーティで会いましょう！
おいおい！　たまには教室に勉強に来たらどうだい？

●2018教室はじまり

はい、最近の教室は、中国一色なんです。ときどき台湾。教室に入ると、だれが生徒でだれが先生かわからないモンゴロイド系ばかり。

他の国の生徒さんが来ても、どうしても、なかなか続かないんですよね。

でも、中国一色の雰囲気のほかに、ボランティアが老朽化しているせいがあるのかも…。

生徒さんって若い先生が好きみたいで、たまに若者ボランティアが来ると、見る目の輝きも違うし、質問の熱気も違う。若さには嫉妬さえ感じるきょうこのごろ。気持ちは十分若いのだが…。

●まじめな兄弟

そんななか、昨年の秋から中学生兄弟2人が参加している。親は仕事が安定したのを機に帰化をして、子どもたちを日本に呼び寄せた。

当初は日本語能力ゼロ、ほかの中国生徒さんが教えていた。いまは、若いだけあって読み書き・聞きはけっこう上達した。

平日の夜は週3回、区役所の日本語教室へ、土曜は多文化共生センターで受験対策の勉強、日曜は町屋日本語教室と、涙ぐましい努力。

町屋に来ると2人並んで、学校の宿題に余念がない。ボランティアが話しかけても、のってこない。ボランティアは「待て」をくらった犬のように、宿題の質問がくるのを、ジィーッと待っている。

あの手この手で興味を引こうとするのだが、会話のピンポンはすぐに終わる。兄弟とも話すことに慣れていないうえ、だいたいのボランティアが中学生との話題にはうとい年代なのよ。

やむなく、ポテトチップスを彼らの前に置く。まだまだ子どもだからポテトチップスは拒まない。にっこり笑う兄弟。長〜く町屋に通ってちょうだいねと、モノで釣る。

●およばれ

韓国の人たちは、先生をとても大切にしてくれる。教室冬休みに韓国一家におよばれ。私の大好きなボッサムが大皿に山盛り。こういうときは役得だなーと思う。

●懺悔

あのぉ…去年の炊き出しのレポートを、いまだカンパ支援者に送っていないのです。私めの個人的な言い訳になりますが、老親の介護でバタバタしているうち4か月が過ぎてしまいました。そうこうしているうちにレポートのデータがクラッシュ…罰が当たった。

支援者のみなさま、ごめんなさい。きっと送らせていただきますので、気長にお待ちくださいませ。

アジアの女たちの会・立ち寄りサポートセンター　「町屋日本語教室」
http://www.geocities.jp/machiyajapaneseclass　連絡先：佐藤智代子・E-mail：csato@uls.co.jp

ヤンフェミ的
Girls Talk!
ガールズトーク

ヤングなフェミたちが最近、気になる話題をおしゃべりするコーナー「ヤンフェミ的ガールズトーク」。今回は連日のオリンピック報道にうんざりしているヤンフェミたちが登場です。

～第14回～
スポーツってなんのため？

S：いま、平昌オリンピックをやっているけど、政治とかメディアの愛国心の煽り方が気持ち悪い！「国民の思いを一身に背負って登場しました」みたいな実況には「あたしの思いは背負っていないよ！」って言いたい。

H：スポーツの怖いところは、応援することで感情移入していくから、疑いもなく自然に「愛国心」煽られてしまうことだと思う。

S：最近、たくさんの日の丸を見る機会ってスポーツ国際試合ぐらいだったけど、オリンピック中はものすごくて、疲れる。

H：そして対戦相手が韓国や中国とか東アジアの国々だと、さらに熱狂的に日本を応援する人とかもいて気持ち悪い。

S：ここまで利用されている選手たちもかわいそうになる。スピードスケートで２位になって泣き崩れていた韓国選手を、１位になった日本選手が肩を抱いて励ましている姿に感動している人が多かったけど、そもそもここまで国全体で重圧をかけていること自体がおかしいと思う。完全に個人としての参加であって欲しい。

H：そしてメダルが取れない選手たちは「おいてけぼり」になっているよね。男子フィギュアばかり盛り上がっているけど、女子フィギュアはいつ？ってくらい報道ないじゃん。メダルの可能性がある種目ばかり報道されて、もっと面白いスポーツたくさんあるんじゃないの？

S：スポーツって、やる人も、見る人も、趣味とか健康のために楽しむものだと思っていたけど、何やらわけのわからないものになっている。

H：あと、開会式の中継で「きれい」と言われている女性選手ばかりを映したり、ずっと「北朝鮮の脅威」を煽っているメディアが今度は「美人応援団」とか言って騒ぎ立てていることもマジで問題。

S：イライラしないためには見ないようにするしかないんだけど、ふつうに生活しているだけで目に入ってくるんだよね。2020年の東京オリンピックが本当に怖いよ。

H：その頃は、マジで東京にいたくないよね。あと２年なんてあっという間だよ。すぐに脱出計画を立て始めないといけないかも。

S：世界中ですごい金額のお金がオリンピックによって動いていて、それだけあったら何ができたのかを「世界のリーダー」たちに責任もって考えてほしい。もし、オリンピックを政治的に利用するなら、まさに世界平和とか差別撤廃につながるかたちの利用であってほしいとも思う。

H：ま、「汚いお金」が動きまくりの「祭典」じゃ、そんなことは無理だけどね。

S：ですかね。大至急、2020年の東京脱出計画を練ろう。

インターン紹介

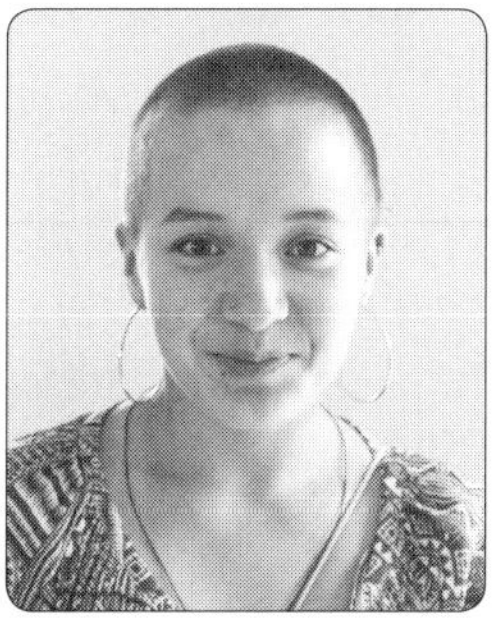

根木仁奈さん

こんにちは、根木仁奈と申します。私は、日本とドイツのダブルで、2017年にコスタリカの高校を卒業しました。すぐに大学に進むよりも、1年間、日本の社会の仕組みについて学びたいと思い、現在、アジア女性資料センターでインターンをしています。

日本の女性が置かれている現状は、非常に重要で緊急なものです。私も含めた若い世代が、もっとジェンダー平等の問題について活動をしなければならないと思っています。

私はすでに、アジア女性資料センターでのインターンシップを通して、さまざまな貴重な経験をすることができました。毎日が刺激的でとても充実したものになっています。

センターの主な活動　2018年 1月－3月

1/4　24条変えさせないキャンペーン勉強会

1/13　来年度計画づくり会議

1/29　院内集会「家庭教育支援法案」の何が問題か？（24条変えさせないキャンペーン）

院内集会「家庭教育支援法案」の何が問題か？の様子。2018年通常国会に上程される可能性のある「家庭教育支援法案」について、弁護士の角田由紀子さん、室蘭工業大学大学院工学研究科准教授の清末愛砂さん、ルポライターの杉山春さんの３人が同法案の問題点を指摘した。

2/3　フィールドワーク「遊就館」で考える戦争展示の政治学
――何が展示され、何が展示されていないのか

3/8　ウィメンズマーチ東京2018（ウィメンズマーチ東京2018実行委員会）

3/13　第62回国連女性の地位委員会（CSW62）パラレルイベント
「若い世代の女性の視点から見る日本のジェンダー政策」（共催：YWCA日本）

AJWRC
アジア女性資料センター

アジア女性資料センターの活動に あなたも参加しませんか？

アジア女性資料センターは、ジェンダー平等と人権に基づく公正で持続可能な社会を目指して、情報ネットワーキング、ジェンダー教育・トレーニング、アドボカシー活動を行っています。センターに集う多くの元気なフェミニストたちと出会い、いっしょに活動しませんか？

■ 会員種別

2013年度のNPO法人格取得に伴い、2013年4月より会員種別を「正会員」と「賛助会員」に分けています。正会員は総会（通常総会は年1回）に参加し、センターの活動計画や予算等の事業に関することや、運営にかかわる重要事項についての議決権を有します。正会員になりたい方は、事務局までご連絡ください。

●正会員（総会議決権あり）

A　8,000円（「女たちの21世紀」年間購読料ほか会員特典）

B 10,000円（「女たちの21世紀」年間購読料ほか会員特典＋寄付）

●賛助会員

A　8,000円（「女たちの21世紀」年間購読料ほか会員特典）

B 10,000円（「女たちの21世紀」年間購読料ほか会員特典＋寄付）

●英文機関誌購読

2,000円（『Voices from Japan』年１冊）

＊年会費は４月から翌年３月までです。
＊海外在住の方は別途送料が年間2,000円かかります。

最新情報はホームページで！
http://www.ajwrc.org
メルマガ（毎月発行）もご利用ください。
登録は ajwrc@ajwrc.org へ

あなたもぜひ投稿を！

「女たちの21世紀」では下記の連載について、執筆・対談でご協力くださる方を募集しています。ご関心のある方は、アジア女性資料センターまでお問い合わせください。

★「アジアの、世界の、フェミなスペース」（1,200字）
世界各地の女性たちがエンパワーし合える空間を紹介していく企画です。

★「被災地で生きる女たち」（1,200字）
被災地に暮らす女性や、原発事故で生活に大きな変更を余儀なくされた方の思いを届ける企画です。

《編集後記》

特集に掲載した大倉多美子さんのインタビューが印象深い。「リケジョ」という言葉がない頃からリケジョだった大倉さんは、戦時中、疎開先の大自然に親しんだことがきっかけで理系の道へ進んだ。インタビューをする前には、きっと「リケジョ」なんていう言葉には否定的だろうなと勝手に思っていたら、冒頭に「これまでの理系女性たちのひどすぎる扱いをどうにかしようとの議論の中で生まれた言葉。リケジョが増えることはうれしい」と話してくれた。最近では、さまざまな言葉が、生まれた背景を無視される形で使われている。今度は「リケジョ」が、軍事など別の目的に利用されないように、大倉さんのような先輩リケジョたちの経験を活かす言葉として、リケジョじゃない私もこの言葉を使っていこうと思う。（濱田）

「女たちの21世紀」No.93
2018年3月3日発行

発行／特定非営利活動法人
アジア女性資料センター

発売／夜光社
〒145-0071 東京都大田区田園調布4-42-24
TEL：03-6715-6121　FAX：03-3721-1922

責任編集者／竹信三恵子、濱田すみれ、船橋邦子

編集／しみずさつき、永山聡子、渡辺照子

校正／千葉育子

レイアウト／有限会社　P. WORD

表紙デザイン／岡本有佳（風工房）

印刷／三松堂印刷株式会社

特定非営利活動法人
アジア女性資料センター
〒150-0031 東京都渋谷区桜丘町14-10-211
E-mail：ajwrc@ajwrc.org
TEL：03-3780-5245　FAX：03-3463-9752